Kuchnia kreolska

Kazik Ronhard

While every precaution has been taken in the preparation of this book, the publisher assumes no responsibility for errors or omissions, or for damages resulting from the use of the information contained herein.

KUCHNIA KREOLSKA

First edition. February 4, 2022.

Copyright © 2022 Kazik Ronhard.

ISBN: 978-8365197054

Written by Kazik Ronhard.

Spis treści

Przyjaciołom smakoszom

Gotowanie oznacza wiedzę Medei i Circe, i Heleny, i królowej Saby. Oznacza znajomość wszystkich ziół i owoców, balsamów i przypraw, i tego wszystkiego, co w polu i lesie rośnie uzdrawiające i słodkie, a w mięsie jest aromatyczne. Oznacza staranność i pieczołowitość i gotowość, pomysłowość urządzeń. Oznacza oszczędność naszych babć i wiedzę współczesnych chemików, a także dużo próbowania bez marnowania; gotowanie to angielska dokładność i francuska sztuka, i arabska gościnność [...]

Ruskin

Książka kucharska pani Begue

Wstęp

KUCHNIA KREOLSKA ODZWIERCIEDLA charakter obszaru, na którym się narodziła: Luizjany. Znalazły w niej odbicie wpływy francuskie, hiszpańskie, włoskie, meksykańskie i amerykańskie, a także bliska obecność Zatoki Meksykańskiej i wielkiej rzeki Missisipi. W rezultacie można ją uznać za kuchnię kosmopolityczną. Wśród tej barwnej mieszaniny nie brak jednak również zupełnie oryginalnych, kreolskich receptur, jak *gumbo*, *dżambalaja* czy *burgoo*, nie mówiąc o daniach nawiązujących swą nazwą do konkretnego miejsca (sierpik karoliński czyli *pompano* podawany na sposób nowoorleański) czy wręcz do jakiejś postaci historycznej, jak generał Lee czy madame Begue, sławna restauratorka z Nowego Orleanu.

Kuchnia kreolska powinna zdobyć serce polskiego czytelnika z kilku powodów. Przede wszystkim jest to kuchnia szalenie ekonomiczna, w której nic się nie marnuje. Prostota i czerpanie ze wzorów kuchni włoskiej, francuskiej, brytyjskiej i meksykańskiej zapewniają jej różnorodność i malowniczość, natomiast ścisłe zasady, a także sposób dobierania składników, sprawiają, że zachowuje swój aromat i oryginalność nawet po latach i w zupełnie innej strefie klimatycznej.

Fakt, że w kuchni kreolskiej rządzi prostota, fantazja i gospodarność, czyni ją również znakomitym wyborem dla nowoczesnych pań domu i panów, którzy coraz częściej chcą uczestniczyć w tym kameralnym happeningu, jakim jest gotowanie. Tym bardziej, że w kuchni kreolskiej można znaleźć wiele ciekawych dań do przygotowania na świeżym powietrzu.

Słownik niektórych terminów użytych w tekście

A1 — angielski sos do steków, wprowadzony w XIX wieku na rynek amerykański; praktycznie niedostępny w Polsce. Można spróbować domowego przepisu, mieszając razem, a następnie podgrzewając i na koniec dokładnie miksując następujące składniki: 1/2 szklanki soku pomarańczowego, 1/2 szklanki rodzynek, 1/4 szklanki sosu sojowego, 1/4 szklanki octu, 2 łyżki musztardy Dijon, 1 łyżka startej skórki pomarańczowej, 2 łyżki keczupu firmy Heinz i 2 łyżki sosu chili firmy Heinz.

Bakłażan (oberżyna) — pochodzi z Indii, jest blisko spokrewniony z ziemniakiem i pomidorem.

Bataty (słodkie ziemniaki) — bulwy korzeniowe rośliny *Ipomea batatus*, charakteryzujące się dużą zawartością węglowodanów, w tym cukrów prostych. Są wydłużone i mają charakterystyczną pomarańczową barwę.

Biała kaszka kukurydziana — kaszka przygotowana z suchych ziaren tzw. *hominy* (patrz dalej).

Biała mąka kukurydziana — specjalna mąka na tortille, przygotowywana z obłuskanych ziaren kukurydzy (patrz *hominy*).

Bułka tarta — występuje w całej masie przepisów kreolskich; czasem służy jak u nas do wyłożenia naczynia do pieczenia, a czasem tworzy chrupiącą skorupkę na powierzchni dania.

Dropsy cynamonowe — tradycyjne landryny cynamonowe, czasem dostępne w sklepach delikatesowych.

Dziki ryż (ryż indiański) — ostruda wodna (*Zizania urticatio*) — nie ma nic wspólnego z prawdziwym ryżem. Nasiona tradycyjnie zbierano z dziko rosnących roślin ostrudy. Obecnie jest to też roślina uprawna (USA, Australia, Węgry).

Gorczyca — roślina jednoroczna o dużej ilości olejków eterycznych w nasionach używana do produkcji musztardy, marynat, a także substancji leczniczych (pobudza łaknienie) i plastrów rozgrzewających.

Grasica — gruczoł odpowiedzialny za odporność immunologiczną. Znajduje się w klatce piersiowej, za mostkiem. Grasicę młodych zwierząt (cielęca, jagnięca, wołowa, wieprzowa) można kupić w niektórych sklepach mięsnych — należy wybierać grasicę jasną (ciemnieje z wiekiem zwierzęcia), miękką, ale sprężystą. Grasica jest produktem o *krótkim terminie przydatności do spożycia*. Najsmaczniejsza jest grasica cielęca. Grasica wieprzowa jest gorsza, ma silny własny zapach.

Gumbo — mianem gumbo określane są dania zawierające okrę (patrz dalej).

Hash — rodzaj zapiekanki, której podstawą jest pokrojone mięso i sos beszamelowy lub śmietana.

Hominy — ziarna kukurydzy namoczone w wodzie wapiennej, a następnie obłuskane ze skórki. Suche ziarna hominy stanowią podstawę do produkcji mąki na tortillę, a także kreolskiej polenty. W Polsce hominy można kupić w postaci puszkowanej, zwykle w dziale kuchni meksykańskiej.

Jamsy — bulwy kłączowe pochrzynu (*Discorea batatas*); w kuchni amerykańskiej stosowane wymiennie ze słodkimi ziemniakami (bataty).

Kwiat muszkatołowy (ang. *mace*) — przyprawa otrzymywana z osnówki pestki muszkatołowca (czyli gałki muszkatołowej), znacznie droższa od samej gałki, ale też bardziej aromatyczna i delikatna w smaku.

Makrela hiszpańska — duża okoniowata ryba atlantycka, osiągająca wagę do 5 kg.

Masło — kuchnia kreolska lubuje się w maśle i powiedzmy sobie szczerze trudno ten smak zastąpić innym. Jednak w daniach, w których masło jest tłuszczem do smażenia lub pieczenia, warto pomyśleć o użyciu masła klarowanego lub oliwy. Będą zdrowsze.

Nasiona selera (ang. *celery seed*) — przyprawa, specjał kuchni kreolskiej. Można ją kupić w zagranicznych sklepach z przyprawami lub przez Internet (np. w serwisie Amazon). *Nie wolno* używać nasion ze sklepów ogrodniczych, bo mogą zawierać jakieś niepożądane substancje.

Ocet estragonowy — octowa „nalewka" na świeżych gałązkach estragonu.

Ocet z trzciny cukrowej — bywa dostępny w sklepach z produktami azjatyckimi — łagodniejszy od octu spirytusowego.

Okra — inaczej piżman lub ketmia jadalna, to warzywo rodem z Indii Zachodnich, obecnie uprawiane niemal we wszystkich ciepłych krajach. Jej zielone, niedojrzałe strąki nasienne są wykorzystywane jako dodatek do zup, nadając im gęstą konsystencję. Okra jest uważana za warzywo bardzo pożywne i bardzo łagodne dla żołądka. Najsławniejsze kreolskie danie — gumbo — to zupa zagęszczona okrą. Zupa ta zawdzięcza swą nazwę właśnie okrze, która po francusku nazywa się *gombo*.

Omułki — popularnie zwane mulami (ang. *blue mussels*) to pospolite małże wykorzystywane w kuchni całego świata.

Orzechy pekan — orzechy kształtem i smakiem przypominające orzechy włoskie, jednakże delikatniejsze od nich i słodsze. Są bardzo tłuste, dlatego lepiej je przechowywać w lodówce, bo jełczeją.

Ostrygi — mięczaki jadane na surowo lub po krótkiej obróbce cieplnej. W kuchni kreolskiej są obecne powszechnie, zwykle w tej drugiej postaci.

Płyn ostrygowy — płyn znajdujący się wewnątrz zamkniętej muszli ostrygi, stosowany jako dodatek smakowy w zupach i gulaszach kreolskich. jego wygląd świadczy o świeżości mięczaka. Płyn ostrygowy powinien być przejrzysty. Można go zastąpić, dodając łyżkę gęstego sosu ostrygowego.

Pompano — sierpik karoliński — ryba z rodziny ostroboków, charakteryzująca się okrągławym kształtem i zielonkawą barwa — powszechnie wykorzystywana w kuchni kreolskiej.

Proszek do pieczenia — w kuchni kreolskiej dodaje się go nie tylko do ciasta, ale również do niektórych potraw z pomidorami, ponieważ zmniejsza ich kwaśność.

Przegrzebki — bardzo cenione małże z rodzaju *Pecten*. Ich mięso zawiera dużo żelaza, a muszle wykorzystywane są jako małe kokilki.

Pudding — rodzaj babki na parze (przygotowywanej w specjalnej formie), specjalność kuchni brytyjskiej.

Salsefia — roślina dwuletnia lub jednoroczna z gatunku *Tragopogon porrifolius*; warzywo korzeniowe o dużej ilości skrobi, cukrów i soli mineralnych

Sasafras (ang. *gumbo file powder*) — tradycyjna przyprawa Indian amerykańskich z plemienia Czoktawów, wytwarzana z wysuszonych i startych na proszek liści sasafrasu lekarskiego (*Sassafras albidum*). Można jej używać do gumbo, któremu pod nieobecność okry nadaje oryginalną woń i gęstą konsystencję.

Seler naciowy — warzywo liściaste, stosunkowo nowe w polskiej kuchni, jest niemal niezbędnym składnikiem kuchni kreolskiej

Ser amerykański — amerykański ser topiony sprzedawany w postaci plasterków pakowanych w folię; jest powszechnie używany w hamburgerach.

Słodkie ziemniaki — zobacz *bataty*.

Sok z cebuli — taki sok można otrzymać odcedzając startą cebulę przez gazę lub plastikowe sitko.

Solona wieprzowina — boczek lub słonina przechowywane w soli.

Tarta — rodzaj ciasta podawanego jako przystawka, danie główne lub deser. Podstawą jest specjalnie przyrządzone kruche ciasto.

Whisky lub whiskey — różne rodzaje wódek produkowanych na bazie różnych zbóż (również kukurydzy), a następnie poddawanych starzeniu w dębowych beczkach.

Worcester sauce (sos Worcestershire) — pikantny sos przyprawowy na bazie popularnych przypraw (papryka, czosnek, tamaryndowiec, anchois, soja, cebula, cukier, ocet).

Zasmażka — zagęstnik do zup i sosów przyrządzany z mąki usmażonej z masłem; może być jasna lub ciemna. Najzdrowsza jest wtedy, gdy najpierw podsmażamy samą mąkę, a masło dodajemy dopiero w ostatniej chwili, by nie zdążyło się przypalić.

Zupy

ZUPA POTRZEBUJE CZASU, dlatego zawsze powinno się ją gotować na małym ogniu, by mięso nie tylko zmiękło, ale również zdążyło się podzielić swym smakiem z roztworem, w którym jest zanurzone. Z tej samej przyczyny nie należy mięsa wkładać do wrzątku, ale do zimnej wody. Ogólnie można przyjąć, że na jeden litr wody potrzeba mniej więcej jednego kilograma mięsa i jednej łyżeczki soli. Oczywiście sam smak zupy zależy od tego, jakie jeszcze składniki włożysz do garnka. W kuchni kreolskiej stosuje się wszystkie warzywa znane z tradycji kulinarnej Europy, a więc włoszczyznę, kapustę, ziemniaki itp.

Szczególnym warzywem kuchni kreolskiej jest *okra* — jej niedojrzałe strąki mają tyle smaku, że w zasadzie już one same wystarczają na proste *gumbo* (ewentualnie z dodatkiem cebuli). Na gumbo z samej okry należy przeznaczyć co najmniej jeden litr pokrojonych strąków, co sprawia, że ta smaczna i zdrowa zupa jest w naszym kraju dość droga.

W Polsce można kupić okrę świeżą (zimą) lub puszkowaną. Kupując świeżą, należy wybierać strąki młode (niezbyt duże), ponieważ tylko takie mają delikatne włoski. Okrę starszą należy przed gotowaniem dokładnie wytrzeć ściereczką, a odłamane w ten sposób włoski spłukać zimną wodą. Zbyt długo gotowana okra „znika", pozostawiając w gulaszu niezbyt apetyczne włókna, dlatego zawsze należy ją wrzucać pod koniec gotowania.

Bulion warzywny

(ULUBIONA ZUPA GENERAŁA LEE)

4 szklanki pomidorów bez skórek

1 pokrojona łodyga selera naciowego

2 pokrojone marchewki

2 gałązki natki

¼ zielonej papryki, pokrojonej

1 liść laurowy

2 łyżeczki soku z cebuli

sól i pieprz do smaku

1 szklanka sherry

2 szklanki wody

Pomidory włożyć do garnka z wodą, dodać wszystkie warzywa i przyprawy. Gotować 30 minut, przecedzić, dodać sherry. Podawać na gorąco.

Zupa kreolska pani Begue

1 łyżka roztopionego masła

1 łyżka posiekanej zielonej papryki

1 łyżka posiekanej czerwonej papryki

1 łyżka mąki

1½ szklanki bulionu

1 szklanka przecieru pomidorowego

½ szklanki kukurydzy

sól i pieprz

Paprykę przyrumienić na maśle, dodać mąkę. Powoli wlać bulion i przecier pomidorowy. Umieścić na ogniu i mieszać do zagotowania, następnie zmniejszyć płomień, przykryć pokrywką i gotować 20 minut. Przecedzić do innego garnka, dodać kukurydzę i doprawić do smaku solą i pieprzem.

Zupa biała

1 marchew, pokrojona w kostkę

1 łodyga selera, drobno pocięta

1 mała cebula, drobno posiekana

2 szklanki bulionu

4 łyżki masła

2 łyżki mąki

2 szklanki mleka

⅓ szklanki tartego sera

Ugotować marchew, seler i cebulę w bulionie do miękkości. Przecedzić. Przygotować zasmażkę z mąki z masłem, dodać mleko. Kiedy sos zgęstnieje, dodać bulion i gotować na małym ogniu do połączenia składników. Gotową zupę posypać startym serem.

Zupa w kamionce

6 ziemniaków, w plasterkach

1 cebula, pokrojona w plastry

6 pomidorów bez skórki lub dwie szklanki pomidorów puszkowanych

1 rzepa, pokrojona w kostkę
1 szklanka groszku z puszki
1 starta marchewka
¼ szklanki ryżu
3 litry wody
kości na bulion
1 łyżka soli
1 łyżka cukru
½ łyżeczki pieprzu
szczypta zmielonego ziela angielskiego

Ułożyć naprzemiennie warzywa, ryż i przyprawy na dnie kamionkowego garnka z pokrywą. Z wody i kości (drobiowych, wołowych) ugotować bulion. Gdy ilość wody zmniejszy się do 2 litrów, bulion odcedzić. Po przestudzeniu wlać na warzywa ułożone w garnku. Założyć pokrywkę i uszczelnić, na przykład folią metalową lub ściereczką. Chodzi o to, by para nie uciekała z garnka. Ustawić garnek w płaskim naczyniu z gorącą wodą i wstawić do nagrzanego do 150 stopni piekarnika na 4 —5 godzin. Podawać w garnku, po usunięciu uszczelnienia.

Zapiekana zupa cebulowa

2 litry bulionu mięsnego
8 cebul średniej wielkości
2 łyżki masła
1 łyżeczka sosu Worcester
sól i pieprz
pieczywo tostowe
parmezan

Cebulę pokroić w cienkie płatki i podsmażyć na maśle na brązowo. Dodać bulion, sos Worcester, sól i pieprz do smaku, po czym gotować na wolnym ogniu aż cebula zmięknie. Wlać zupę do głębokiego naczynia do zapiekania. Ułożyć grzanki, pokrojone na 4 części, na powierzchni zupy, posypać parmezanem i wstawić do piecyka. Zapiekać aż ser się roztopi i zarumieni.

Zupa krem z kraba

1 łyżka mąki
2 łyżki masła
2 litry mleka
2 szklanki mięsa kraba
½ cebuli w plasterkach
szklanka gęstej śmietany
posiekana natka pietruszki
seler naciowy
sól, pieprz

Roztopić masło w garnku do gotowania na parze, wsypać mąkę i wymieszać. Stopniowo dodawać mleko, cebulę, natkę, seler naciowy. Doprawić do smaku, Gotować powoli do lekkiego zgęstnienia. Wrzucić mięso kraba. Podawać w miseczkach, z łyżką bitej śmietany na wierzchu.

Gumbo kurczakowo-ostrygowe

1 mały kurczak

1 kg wołowiny pokrojonej na gulasz

1 szklanka pokrojonej w kostkę okry

1 łyżka masła

1 cebula

1½ litra wody

2 tuziny ostryg

1½ łyżeczki sasafrasu (zagęstnik)

sól i pieprz

Podzielić kurczaka i ugotować z wołowiną i okrą w 1½ litra wody. Kiedy bulion stanie się esencjonalny, a mięso miękkie, usunąć z kurczaka kości i pokroić mięso na niewielkie kawałki. Dodać obrane ostrygi wraz z płynem ostrygowym (zobacz słownik), doprawić do smaku solą, pieprzem i zrumienioną na maśle cebulą. Dodać przyprawę sasafrasową (zobacz słownik). Gotować aż krawędzie ostryg zmarszczą się i zawiną.

Gumbo wegetariańskie

2 łyżki stopionego masła

1 cebula

2 szklanki pomidorów

2 szklanki pociętej okry

1 szklanka posiekanej zielonej papryki

2 szklanki gorącej wody

1 łyżeczka nasion selera

sól i pieprz do smaku

Podsmażyć cebulę na maśle do zarumienienia, dodać warzywa, gorącą wodę i przyprawy. Gotować na małym ogniu aż do zgęstnienia.

Kremowa zupa ostrygowa

1 litr ostryg
1 litr mleka
1 łyżka mąki
1 łyżka masła
½ szklanki posiekanego selera naciowego
1 zielona papryka
sos Worcester
sól i pieprz

Obrane ostrygi zemleć w maszynce do mięsa. Przygotować kremową zupę z mleka zagęszczonego mąką i przyprawionego masłem, solą, pieprzem, posiekanym selerem oraz posiekaną zieloną papryką. Dodać zmielone ostrygi i podgrzać do wysokiej temperatury, nie dopuszczając do wrzenia, bo się zetnie. Tuż przed podaniem wlać sos Worcester.

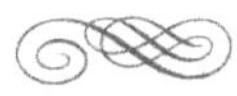

Świeże ostrygi.

Kreolskie danie rybne (Bouillabaisse)

1½ litra wody

1 łyżka soli

½ kg surowych krewetek

12 goździków

25 dag pieczarek

2 łyżki masła

2 duże cebule, posiekane

2 duże ząbki czosnku

2 puszki pokrojonych pomidorów

2 szklanki wody

3 liście laurowe

1½ łyżeczki curry

1 szklanka startego sera

½ szklanki sherry

1 kg filetów rybnych

½ kg przegrzebków

2 łyżki mąki

Do 1½ wrzącej wody wrzucić krewetki, gotować 10 minut, potem wyjąć krewetki, bulion zachować na później. Obrać krewetki i naciąć każdą wzdłuż. Pieczarki pociąć w plasterki, dodać do krewetek i odstawić na później. Rozpuścić masło i usmażyć cebule i posiekany czosnek. Dodać pomidory i 2 szklanki wody, 4 goździki, liście laurowe, curry, ser i ćwierć szklanki sherry. Gotować tę mieszankę na wolnym ogniu 30 minut. Doprawić solą. Zagotować bulion krewetkowy, wrzucić filety rybne i przegrzebki, włożyć 4 goździki i wlać ¼ szklanki sherry. Zmniejszyć ogień i dusić aż ryba będzie gotowa (ok. 15 minut). Połączyć z krewetkami i pieczarkami i gotować jeszcze 5 minut. Rozrobić mąkę odrobiną zimnej wody i wlać do wrzącego sosu jako zagęszczacz. Gotować następne 5 minut. Wyjąć rybę z sosu, ułożyć na posmarowanych masłem grzankach na dużym półmisku, polać sosem i podawać.

Zupa z czarnej fasoli

2 szklanki czarnej fasoli

12 szklanek wody

10 dag słoniny

20 dag chudego, pokrojonego mięsa wołowego

1 marchew, pokrojona w kostkę

3 małe, posiekane cebule

3 goździki

¼ łyżeczki kwiatu muszkatołowego

szczypta suszonej papryki

3 jaja na twardo, w plasterkach

1 cytryna, pokrojona

1 kieliszek sherry

Opłukane nasiona namoczyć przez noc. Na drugi dzień fasolę zalać wodą, dodać słoninę, sól, chude mięso wołowe, marchew, cebulę i przyprawy. Przykryć i gotować na małym ogniu około trzech godzin — do zmięknięcia fasoli. Przetrzeć przez sito, wlać do wazy, dodać pokrojone jajka, plasterki cytryny i szklaneczkę sherry.

Kreolska zupa fasolowa

1 szklanka nasion fasoli

zimna woda

6 szklanek bulionu na wieprzowinie

1 szklanka posiekanej cebuli

1 szklanka posiekanego selera naciowego

3 łyżki masła

3 łyżki mąki

sól i pieprz do smaku

Zalać fasolę zimną wodą i zostawić na noc lub co najmniej na sześć godzin. Odcedzić wodę, wrzucić fasolę do bulionu. Dodać seler i cebulę, po czym gotować na małym ogniu do miękkości. Odlać bulion, przetrzeć fasolę przez sito i ponownie dodać do bulionu. W razie potrzeby dodać więcej wody — podane proporcje powinny wystarczyć na mniej więcej pięć szklanek zupy. Roztopić masło, dodać mąkę, sól i pieprz. Gotować na małym ogniu mieszając aż do zgęstnienia. Podawać na gorąco z plasterkami cytryny i jajami ugotowanymi na twardo.

Gumbo krewetkowe

2 litry świeżych krewetek

3 cebule

½ szklanki octu

sól

1 litr wody

1 łyżka roztopionego masła

1 łyżka mąki

4 szklanki strąków okry, drobno pociętych

1 szklanka gotowanego ryżu

6 dużych pomidorów bez skórki

2 liście laurowe

szczypta cukru i pieprzu

Umyć i oczyścić krewetki, po czym gotować je 20 minut z dwiema cebulami w wodzie z octem i solą. Odcedzić, zachowując bulion. Obrać krewetki. Posiekać pozostałą cebulę i podsmażyć na brązowo w roztopionym maśle. Wymieszać z mąką i dodać do przecedzonego bulionu krewetkowego. Wrzucić okrę, ryż, pomidory, przyprawy i krewetki obrane z pancerzyków. Podgotować przez chwilę, żeby okra i pomidory nie były surowe.

Gumbo z bakłażana

1 bakłażan
3 papryki
250 dag okry
2 cebule
1 ząbek czosnku
½ łyżeczki cukru
sól
pieprz cayenne
puszka pokrojonych pomidorów

Obrać bakłażan, pokroić papryki, oczyścić i pokroić okrę. Posiekać cebulę i czosnek. Rozgrzać w garnku kopiastą łyżkę masła, wrzucić warzywa, pomidory i cukier. Doprawić pieprzem i solą, przykryć pokrywką i gotować 1½ godziny z niewielką ilością wody, często mieszając, aby uniknąć przypalenia. Podawać jako danie wegetariańskie lub z dodatkiem ugotowanych krewetek, które wrzuca się tuż przed podaniem.

Bakłażan czyli oberżyna

Baltimorska zupa krabowa

2 łyżki masła
1 cebula, posiekana
1 łyżka mąki
2 szklanki gorącej wody
1 szklanka mięsa kraba
¼ szklanki posiekanego selera naciowego
posiekana natka
sól, pieprz
sos Tabasco
3 szklanki gorącego mleka

Rozpuścić masło, zeszklić cebulę. Dodać mąkę i powoli dolewać ciepłą wodę. Podgotować do chwili aż zupa zgęstnieje. Wrzucić mięso kraba, seler, natkę i przyprawy. Gotować na małym ogniu 30 minut. Przed samym podaniem wlać 3 szklanki gorącego mleka.

Zupa migdałowa

½ szklanki migdałów
6 gorzkich migdałów
3 szklanki rosołu z kurczaka
1 łyżeczka soku z cebuli
1 drobno pokruszony liść laurowy
3 łyżki masła
3 łyżki mąki
2 szklanki mleka
1 szklanka śmietany
sól i pieprz do smaku

Migdały i migdały gorzkie dokładnie posiekać. Zamiast migdałów gorzkich można dla podkreślenia smaku wlać kilka kropli olejku migdałowego lub dodać kilka małych pestek brzoskwini. Wrzucić posiekane migdały do bulionu z kurczaka, przyprawić sokiem z cebuli i liściem laurowym. Gotować na wolnym ogniu. Przygotować zasmażkę z masła z mąką, dodać do rosołu, stale mieszając, zagotować. Wlać mleko i śmietanę. Doprawić do smaku solą i pieprzem.

Drobiowe gumbo

1 mały kurczak
2 łyżki mąki
3 łyżki masła, roztopionego
1 cebula
4 szklanki okry, pokrojonej i posiekanej
2 szklanki pomidorów
kilka gałązek natki pietruszki
4 szklanki wody
sól i pieprz do smaku

Kurczaka umyć i podzielić. Lekko oprószyć mąką i smażyć na maśle, dodając posiekaną cebulę. Gdy kurczak się zarumieni, dodać okrę, pomidory, posiekaną natkę i wodę. Doprawić do smaku solą i pieprzem. Gotować na małym ogniu aż kurczak będzie gotowy, a okra miękka — około dwóch i pół godziny. Jeśli zupa jest zbyt gęsta, ilość wody można zwiększyć.

Zupa krem z kurczaka

3 szklanki bulionu z kurczaka
3 łyżki ryżu
½ szklanki selera naciowego
2 szklanki gorącego mleka
natka pietruszki

Seler naciowy pokroić w kostkę, po czym ugotować z ryżem do miękkości. Odcedzić, przetrzeć przez sito i dodać do rosołu. Wlać 2 szklanki ciepłego mleka, doprawić do smaku solą i pieprzem. Przed podaniem oprószyć posiekaną natką.

Zupa rakowa

2 tuziny raków
1 litr wody
2 cebule
2 marchewki
2 łodygi selera naciowego
4 gałązki natki
¼ łyżeczki tymianku
6 łyżek bułki tartej
mleko
3 łyżki masła
2 łyżki mąki sól i pieprz
1 jajo, rozbełtane

Raki oczyścić i wymoczyć w wodzie przez 30 minut, a potem dokładnie umyć szczoteczką. Czyste skorupiaki umieścić w garnku, zalać wodą, dodać cebulę, marchewki, połowę natki i tymianek. Gotować 25 minut, płyn z gotowania odcedzić i zostawić na później. Zdjąć pancerze z mięsa, głowy odłożyć do nadziania. Wymieszać tartą bułkę z mlekiem. Posiekać mięso raków i dodać do bułki. Posiekać resztę cebuli i usmażyć na maśle, dodając 1 łyżkę mąki. Rozcieńczyć łyżką rosołu i wrzucić resztę pietruszki. Przyprawić solą i pieprzem. Podgrzewać chwilę na małym ogniu. Dodać mięso raków z bułką, smażyć 2 minuty. Zdjąć z ognia i po ostudzeniu dodać ubite jajo. Rakowe głowy napełnić nadzieniem, obtoczyć w mące i usmażyć na rumiano. Wyjąć na ręcznik papierowy do osączenia z tłuszczu. Rozpuścić resztę masła, dodać pozostałość mąki i wymieszać dokładnie. Odcedzić z rosołu seler i marchew. Dodać bulion do zasmażki. Gotować zupę na małym ogniu dwanaście minut. Doprawić solą i pieprzem, a przed podaniem wrzucić nadziane głowy raków.

Zupa kurczakowa

1 kg kości cielęcych
2 marchewki
2 cebule
2 łyżki masła
3 łyżki mąki
½ łyżeczki proszku do pieczenia
2 litry bulionu wołowego lub wody
1 szklanka pomidorów
1 szklanka przecieru pomidorowego
sól i pieprz
goździki
½ szklanki sherry
2 szklanki mięsa z udek kurczaka
1 cytryna
2 ugotowane na twardo jaja

Mięso kurczaka pokroić w cieniutkie paseczki, wymieszać dokładnie z proszkiem do pieczenia i odstawić na dwie godziny. W tym czasie podsmażyć na maśle kości i warzywa. Wsypać mąkę i znów podsmażyć. Wlać wodę lub bulion wołowy, dodać pomidory i przecier pomidorowy, sól, pieprz oraz kilka goździków w całości. Gotować dwie godziny. Dodać sherry. Przecedzić zupę przez drobne sito. Mięso kurczaka opłukać z proszku i wrzucić do zupy wraz z cytryną i pokrojonymi w kostkę jajami. Podgotować krótko i podawać.

Zupa ostrygowa z okrą

1 puszka okry

> *1 puszka pomidorów bez skórek*
> *2 spore cebule, posiekane*
> *2 łyżki masła*
> *2 tuziny ostryg*
> *3 łyżki gotowanego ryżu*
> *1 słodka papryka, posiekana*

Cebulę posiekać drobno i usmażyć na maśle. Ugotować ryż. W garnku z 3 litrami wody i całym płynem ostrygowym (zobacz słownik) gotować cebule, pomidory i paprykę do rozgotowania (ok. trzech godzin), często mieszając. Dziesięć minut przed podaniem wrzucić pokrojoną okrę i ryż, zagotować. Na koniec dodać ostrygi. Jeszcze raz zagotować i podawać.

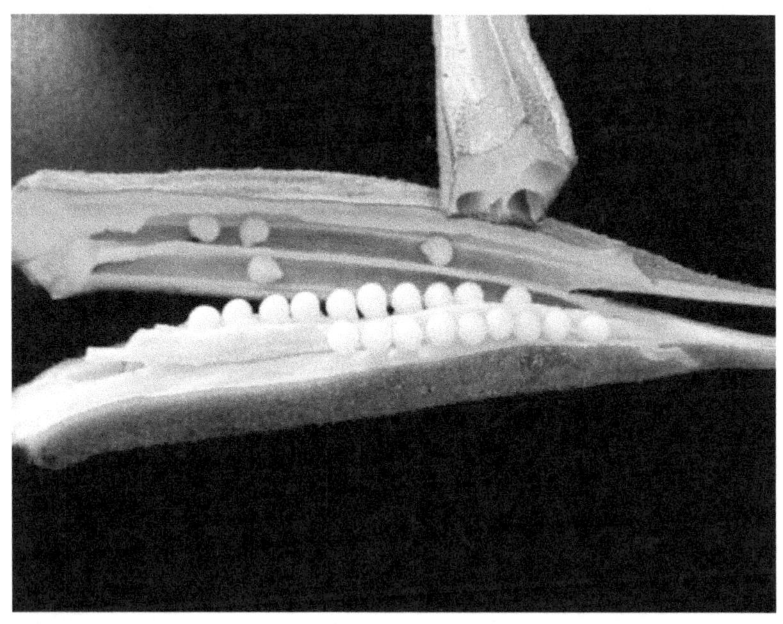

Młody strąk okry.

Tarty

TARTA (FR. *tarte*) to właściwie danie kuchni francuskiej. Przyrządza się ją w ozdobnej, okrągłej formie o falistym, niezbyt wysokim brzegu. Podstawą tarty jest kruche ciasto, które jednak różni się od kruchego ciasta znanego z polskiej tradycji, ponieważ do jego przyrządzania nie używa się jaj. Ciasto na tartę jest jednak elastyczne, a to dzięki temu, że dodajemy do niego zimnej, a perfekcjoniści twierdzą nawet, że lodowatej wody. Tak jak w przypadku każdego ciasta kruchego, również ciasto na tartę należy zagniatać możliwie szybko, aby użyte do niego masło nie zdążyło się rozpuścić. Ciasto na tartę należy rozwałkować cienko i wyłożyć nim formę. W trakcie wypiekania spodu brzegi ciasta łatwo opadają, można jednak temu zapobiec, wysypując wnętrze ciasta suchymi nasionami fasoli. Fasolę taką można używać wielokrotnie. Tarta może być znakomitą przekąską, deserem lub daniem głównym. W polskiej kuchni jest nadal dość egzotycznym daniem, a niesłusznie, bo łatwość wykonania sprawia, że moim zdaniem trudno ją czymkolwiek zastąpić.

Niezawodny przepis na spód do tarty

2 szklanki mąki

½ łyżeczki proszku do pieczenia

½ łyżeczki soli

⅔ szklanki tłuszczu

4 łyżki zimnej wody

Przesiać razem dwie szklanki mąki, pół łyżeczki proszku do pieczenia i pół łyżeczki soli. Wrobić łyżką 2/3 szklanki tłuszczu, tak by mieszanka miała sypką, ziarnistą konsystencję. Lekko wymieszać z czterema łyżkami wody (lub więcej, jeśli potrzeba). Zanurzyć dłonie w mące, wziąć ciasto w ręce i uformować kulę. Włożyć do lodówki na godzinę lub dwie (niekoniecznie). Ciasto położyć na stolnicy posypanej mąką i rozwałkować do grubości ⅓centymetra. Przepis wystarcza na dwa ciasta. Do ciasta z mięsem dodać pół szklanki mąki więcej.

Ciasto starcza na dwie tarty

Ciasto na spód do tarty 2

(MOJE ULUBIONE SZYBKIE CIASTO)

2 szklanki mąki

½ łyżeczki soli

1 szklanka masła

½ szklanki lodowatej wody

Wymieszać mąkę z solą, dodać masło, lekko wrobić, wlać wodę i wymieszać na gładkie ciasto, ale bez ugniatania (ja uderzam ciastem w stolnicę). Zwinąć, zostawić w chłodzie. Rozwałkować na stolnicy posypanej mąką.

Tarta z ostrygami pod beszamelem

2 szklanki beszamelu

sól selerowa

1 łyżeczka soku cebulowego

24 ostrygi

Z kruchego ciasta przygotować podłoże do tarty. Do beszamelu dodać sól selerową, sok z cebuli i ostrygi. Doprawić do smaku, na przykład odrobiną sosu ostrygowego, przykryć resztą kruchego ciasta i piec w gorącym piekarniku (200—230°C) do chwili aż ciasto będzie rumiane (ok. 20—30 minut).

Pyszna tarta rodzynkowa

1 szklanka rodzynek
2 szklanki wody
1½ szklanki cukru
4 łyżki mąki pszennej
1 jajo, dokładnie ubite
sok z 1 cytryny
2 łyżeczki otartej skórki cytryny (lepiej limonki)
szczypta soli

Rodzynki namoczyć. Wymieszać cukier, mąkę i jajo, dodać zapachy, rodzynki i płyny. Gotować na parze do zgęstnienia, mieszając od czasu do czasu. Po ostudzeniu wylać na surowy spód do tarty. Przykryć paseczkami ciasta, piec 20 minut w gorącym piekarniku (230°C), a potem jeszcze 10 minut w temperaturze 180°C. Tarta rodzynkowa znakomicie udaje wielkanocny mazurek.

Sosy i dodatki

SOSY SĄ NAJBARDZIEJ kosmopolitycznym elementem kuchni różnych stron świata. Wystarczy zerknąć na półki supermarketów uginające się pod ciężarem słoików i butelek, w których zamknięto smaki lub namiastkę smaków kuchni chińskiej, francuskiej, włoskiej, angielskiej i amerykańskiej. Sosy dzielą się na podawane na zimno i podawane na ciepło. Jednym z bonzów w zakresie sosów ciepłych jest sos beszamelowy, który w kuchni kreolskiej zajmuje poczesne miejsce, wchodząc w skład tart i najrozmaitszych zapiekanek.

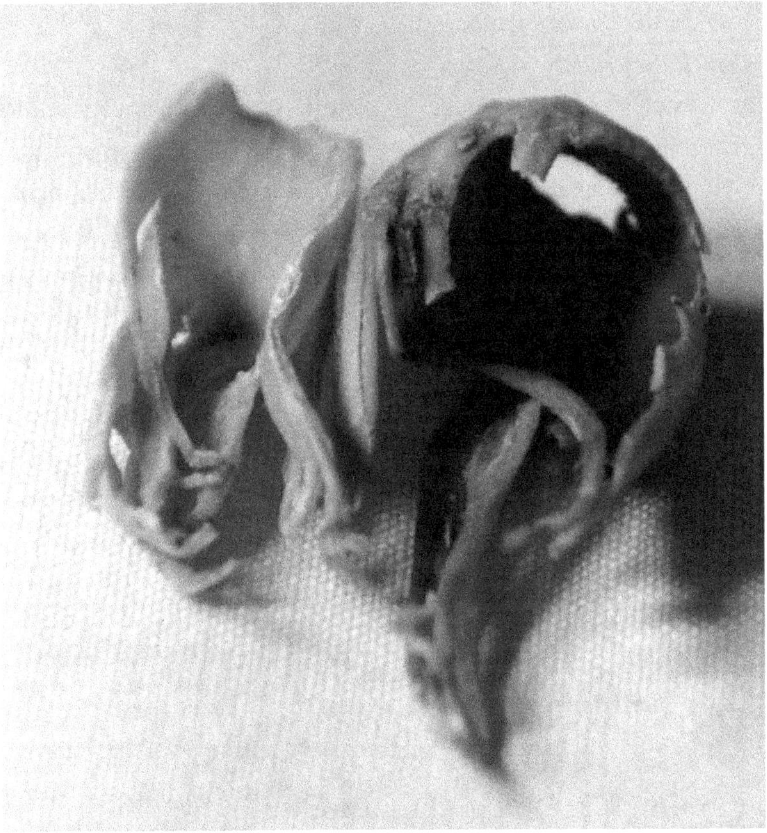

Osnówka gałki muszkatołowej zwana „kwiatem muszkatołowym"
(ang. *mace*).

Sos a la Maitre D'Hotel

1 łyżka masła
1 łyżka mąki
sok z ½ cytryny

1 łyżka posiekanej natki

½ l czystego rosołu

Umieścić masło i mąkę w rondlu i mieszać na ogniu do połączenia. Dodać pół litra rosołu. Wlać sok z połowy cytryny i wsypać posiekaną natkę pietruszki. Podgotować razem przez piętnaście minut, po czym zdjąć z ognia, przestudzić i dodać dobrze ubite żółtko. Mieszać do połączenia i podawać do ryby. Nie wlewać żółtka do wrzącego sosu, bo się zetnie.

Marmolada kumkwatowo-śliwkowa

6 kumkwatów, pokrojonych w cienkie plasterki

1 szklanka wydrylowanych śliwek

¼ szklanki cukru

½ szklanki soku z suszonych śliwek

½ szklanki soku pomarańczowego

Suszone śliwki umyć i namoczyć w zimnej wodzie na noc. Następnego dnia ugotować je na małym ogniu w wodzie, w której były moczone. Dodać pół porcji cukru i gotować jeszcze 5 minut. Doprawić sokiem pomarańczowym. Śliwki odcedzić i wydrylować. Do soku ze śliwek wrzucić dokładnie opłukane, pokrojone kumkwaty. Dusić na małym ogniu kilka minut, po czym dodać resztę cukru i gotować na słabym ogniu do zmięknięcia kumkwatów. Wrzucić śliwki. Podawać jako dodatek do mięs.

Marynowane wiśnie

Wydrylować wiśnie, umieścić w dużym słoju i zalać słabym octem.
Zostawić na osiem dni, mieszając dwa razy dziennie. Dziewiątego
dnia wyjąć z octu i osuszyć. Na każdy litr wiśni wziąć litr cukru
i umieścić z wiśniami w słoju, pozostawiając na jeszcze osiem dni.
Mieszać jak poprzednio. Na koniec ósmego dnia umieścić wiśnie w
wyparzonych słojach i zamknąć. Podawać z drobiem i do mięs.

Sos rodzynkowy do szynki

1 szklanka rodzynek
  1 szklanka wody
  5 goździków
  ¾ szklanki brązowego cukru
  1 łyżeczka skrobi kukurydzianej
  ¼ łyżeczki soli
  szczypta pieprzu
  1 łyżka masła
  1 łyżka octu
  ½ łyżeczki sosu Worcester

Zalać rodzynki wodą, dodać goździki i dusić na małym ogniu
dziesięć minut. Następnie dodać cukier, skrobię kukurydzianą, sól
i pieprz. Mieszać do lekkiego zgęstnienia, a następnie dodać
pozostałe składniki.

Sos pieczarkowy

1 średnia puszka pieczarek
4 łyżki masła
3 łyżki mąki
1 szklanka tłustego mleka lub chudej śmietany

Podsmażyć pieczarki na maśle, powoli dodając mąkę. Wlać śmietanę i gotować do zgęstnienia. Podawać jako sos do steków lub kurczaka.

Sos pomidorowy

3 łyżki masła
3 łyżki mąki
1 szklanka pomidorów puszkowanych
1 łyżka cukru
¼ łyżeczki goździków
½ łyżeczki ziela angielskiego
sól i pieprz do smaku

Przygotować zasmażkę jak do beszamelu, ale zamiast mleka dodać pomidory. Jeśli sos ma być gładki, można dodać przetarte pomidory. To sos znakomity do cielęciny, ryb, ryżu lub makaronu.

Beszamel

2 łyżki masła
2 łyżki mąki
1½ szklanki mleka

½ łyżeczki soli

Przygotować jasną zasmażkę z masła, mąki i soli. Powoli wlać mleko, cały czas mieszając, a kiedy całość się zagotuje, zdjąć z ognia i ubić dokładnie aż do uzyskania kremowej konsystencji.

Sos z kwaśnej śmietany

½ łyżeczki musztardy
2 łyżki cukru
szczypta sproszkowanej papryki
1 łyżka mąki
1 łyżka masła
¼ szklanki octu
¼ szklanki wody
1 szklanka kwaśnej śmietany
1 żółtko

Wymieszać przyprawy, mąkę i cukier, dodać ocet i wodę. Gotować do zgęstnienia w garnku o podwójnym dnie, nieustannie mieszając. Dodać żółtko i masło, gotować jeszcze kilka minut. Ochłodzić. Ubić śmietanę i dodać do sosu. Podawać na sałacie, sałatce z mniszka, szparagach, ogórkach lub z rybą.

Sos holenderski

4 żółtka jaj
¼ szklanki stopionego masła
¼ łyżeczki soli szczypta pieprzu

2 łyżki soku cytrynowego

Ubić żółtka i powoli dodawać rozpuszczone masło, sól i pieprz. Przelać do garnka z podwójnym dnem i gotować, cały czas mieszając, do chwili aż sos zgęstnieje. Zdjąć z ognia i wlać sok cytrynowy. Jest to sos do natychmiastowego podania. Jeśli składniki sosu ulegną rozdzieleniu, można je na nowo połączyć, dodając niewielką ilość gorącej słodkiej śmietanki. Sos jest znakomity do warzyw.

Sos chrzanowy

2 łyżki drobno posiekanej cebuli
2 czubate łyżki masła
2 żółtka
1 szklanka śmietany, mleka lub bulionu
½ szklanki świeżo startego korzenia chrzanu

Rozpuścić masło w garnuszku i zeszklić na nim cebulę. Dodać śmietanę, mleko lub bulion, gotować kilka minut. Przecedzić przez drobne sito i wlać do garnka z podwójnym dnem, dodając dobrze ubite żółtka. Gotować do zgęstnienia, stale mieszając. Wrzucić starty chrzan i podawać do mięsa i ryb.

Sos śmietanowy

3 łyżki octu
1½ łyżki cukru
¼ litra kwaśnej śmietany

1 łyżeczka soli

1 łyżeczka gorczycy

szczypta sproszkowanej papryki

Ubić lekko śmietanę. Wymieszać wszystkie składniki i dodać powoli do śmietany, po czym ubić wszystko na sztywno. Podawać do pomidorów. Jest to również świetny sos do posiekanej kapusty.

Sos majonezowy

2 ugotowane na twardo żółtka

1 surowe żółtko

½ łyżeczki musztardy

½ łyżeczki soli (płaskiej)

½ łyżki octu

sok z ½ cytryny

½ szklanki oliwy z pierwszego tłoczenia

sproszkowana papryka

Żółtka jaj rozgnieść i utrzeć na gładko; dodać surowe żółtko i musztardę. Ucierać do uzyskania gładkiej masy. Dodawać po łyżce oliwy, ciągle mieszając, a po zużyciu połowy, bardzo powoli dodawać ocet i sok cytrynowy. Wsypać sól i paprykę i powoli wmieszać do masy pozostałą oliwę. Jeśli potrzeba większej ilości majonezu, nadal dodawać naprzemiennie oliwę, cytrynę i ocet, aż do podwojenia objętości. Do wyrabiania majonezu tym sposobem używa się drewnianej łyżki.

Olitalia
Aceto
Balsamico
di Modena
INDICAZIONE GEOGRAFICA PROTETTA

Warto mieć w zapasie różne octy smakowe.

Sos vinaigrette

4 łyżki oliwy z pierwszego tłoczenia
  ząbek czosnku
  1½ octu estragonowego
  ¼ łyżeczki soli
  ⅛ łyżeczki białego pieprzu
  Wymieszać sól i pieprz, dodać część oliwy, utrzeć. Wlać ocet, a potem resztę oliwy.

Sos vinaigrette 2

12 posiekanych szalotek
  2 łyżki octu
  5 łyżek oliwy
  2 łyżki posiekanej natki
  sól i pieprz
  Wymieszać sypkie składniki w miseczce, dodać oliwę, ocet i ubić trzepaczką. Sos podawać na zimno, do jaj, zimnych ryb itp.

Musztarda kreolska

25 dag nasion gorczycy czarnej
  białe wino

ocet estragonowy
½ łyżeczki mielonych goździków
½ łyżki nasion selera
½ łyżki zmielonego ziela angielskiego
szczypta kwiatu muszkatołowego
1 mały ząbek czosnku
½ łyżeczki soli

Wlać część wina do rondla, dodać rozdrobnione przyprawy, zmiażdżony ząbek czosnku, nasiona selera i sól. Macerować w cieple przez godzinę. Gorczycę zmielić na proszek i utrzeć na gładką masę, dodając tyle samo wina co octu estragonowego. Odcedzić przyprawy z marynaty i dodać do gorczycowej pasty. Podgrzać. Dokładnie wymieszać i przełożyć do słoików. Jeśli chcemy musztardę przechowywać poza lodówką i dłużej niż 3 tygodnie, powinniśmy ją pasteryzować.

Kremowy sos do kurczaka

2 łyżki tłuszczu od pieczenia kurczaka
łyżka mąki
szklanka słodkiej śmietanki

Składniki wymieszać i zagotować, stale mieszając. Podawać do pieczonego kurczaka.

Pieczone pomarańcze

4 małe pomarańcze o cienkiej skórce

2 szklanki cukru

1 szklanka wody z gotowania pomarańczy

masło

Umyć pomarańcze dokładnie, umieścić w kociołku i zalać wrzątkiem. Gotować do chwili aż owoce będą zupełnie miękkie (sprawdzić widelcem). Wyjąć pomarańcze z wody, przeciąć na połowy i ułożyć w naczyniu do pieczenia. Do wody z gotowania pomarańczy wrzucić cukier i gotować 5 minut, syrop wylać na pomarańcze. Na każdej pomarańczy ułożyć kawałek masła. Umieścić w brytfance i piec w gorącym piekarniku (200—230°C) mniej więcej pół godziny lub do chwili aż pomarańcze staną się szkliste. Podawać do pieczonego drobiu.

Luizjański sos do drobiu

1½ szklanki bulionu lub rosołu

1 średniej wielkości cebula, pokrojona w plastry

2 łyżki posiekanego selera naciowego

sól i pieprz

2 żółtka

2 łyżeczki mąki

1 łyżka masła

2 łyżeczki octu estragonowego

2 łyżeczki posiekanej natki pietruszki

Wlać bulion do garnka, dodać cebulę, seler, sól i pieprz; gotować 4 minuty. Wymieszać żółtka z mąką, dodać łyżkę zimnego bulionu. Powoli połączyć jaja z sosem w garnku; podgrzać ponownie, mieszając energicznie do zgęstnienia, tak by nie powstały grudki. Dodać masło, ocet oraz natkę i mieszać do rozpuszczenia masła. Przecedzić do sosjerki i podawać.

Sól selerowa

listki selera naciowego
gruboziarnista sól

Listki można zbierać przez kilka dni i suszyć na ręczniku papierowym lub w suszarce do warzyw. Można je także podsuszyć w letnim piekarniku. Gdy liście są kruche i uzbiera się ich spora garść, należy je wymieszać z podobną garścią soli i przesypać do zakręcanego słoiczka.

Przyprawa cajun

10 łyżek niezbyt grubej soli morskiej
4 łyżki suszonej łagodnej papryki
4 łyżki pieprzu cayenne
4 łyżki rozdrobnionego suszonego czosnku
2 łyżki rozdrobnionej suszonej cebuli
2 łyżki suszonego oregano (lebiodka)
2 łyżki suszonego tymianku
2 łyżki czarnego pieprzu

Rozdrobnione przyprawy wymieszać w miseczce z solą i przełożyć do zakręcanego słoika. Ilość soli można zmniejszyć, jednakże jej dodatek zapewnia lepsze przechowywanie mieszanki.

Ważne, by słoik był dobrze zakręcany, ponieważ sól łatwo chłonie wilgoć. Przyprawę dodajemy według uznania — jest dość pikantna, ale bardzo pasuje do kreolskich gulaszy.

Podstawowa przyprawa kreolska

4 łyżki soli selerowej

4 łyżki pieprzu cayenne

2 łyżki gruboziarnistej soli

2 łyżki mielonego czarnego pieprzu

2 łyżki rozdrobnionego suszonego czosnku

2 łyżki rozdrobnionej suszonej cebuli

2 łyżki suszonej łagodnej papryki

1 łyżka zmielonego ziela angielskiego

Składniki wymieszać w miseczce, przesypać do zakręcanego słoika. Dodawać według uznania, przyprawa jest pikantna.

Ostra mieszanka przypraw w stylu kreolskim

Przyprawa kreolska do krewetek

13 łyżeczek suszonego oregano
6 zmielonych liści laurowych
6 łyżeczek chili w płatkach
6 łyżeczek suszonej łagodnej papryki
5 łyżeczek soli
5 łyżeczek suszonej bazylii
5 łyżeczek suszonego tymianku
3 łyżeczki pieprzu cayenne
3 łyżeczki zmielonego czarnego pieprzu
3 łyżeczki zmielonego białego pieprzu

Składniki wymieszać, przesypać do słoiczka, stosować według uznania do krewetek i owoców morza. Przyprawa bardzo pikantna, ale znakomita. Wystarczy szczypta, by krewetki nabrały nowego, świetnego smaku.

Sos barbecue na ciepło

10 dag masła
1 szklanka octu
1 ogórek marynowany, drobno posiekany
2 łyżki posiekanej cebuli
2 łyżki sosu Worcester
2 łyżki sosu Tabasco
4 plasterki cytryny
1 łyżeczka brązowego cukru

1 zielona papryka, drobno pokrojona

Dokładnie wymieszać składniki sosu. Umieścić w garnku na niewielkim ogniu i gotować do rozpuszczenia masła, nieustannie mieszając. Umieścić w garnku z podwójnym dnem i podgrzewać do chwili użycia do mięsa.

Glazura z sosu barbecue

⅔ szklanki masła
  ⅔ szklanki wody
  2 łyżeczki sosu Worcester
  1½ łyżki soku z cytryny
  ½ łyżeczki sosu Tabasco
  2 łyżeczki cukru
  1 łyżeczka soli
  pieprz cayenne do smaku
  dwie łyżki mąki

Mąkę wymieszać dokładnie z płynnymi składnikami sosu. Masło rozpuścić w garnku, wrzucić składniki sypkie, wlać zawiesinę mąki i gotować na małym ogniu do ich połączenia, mieszając.

Przyprawa indyjska

4 litry dojrzałych pomidorów
  6 słodkich papryk (żółtych, drobno posiekanych)
  2 duże cebule
  ½ l octu

10 g nasion gorczycy

2 łyżki soli

10 g nasion selera

10 g ziela angielskiego

10 g goździków

½ łyżeczki cynamonu

3 liście laurowe

75 dag cukru

Gotować składniki 25 minut — przetrzeć. Do ½ l octu dodać 10 g nasion gorczycy, 2 łyżki soli. Zagotować, wrzucić 10 g nasion selera, 10 g ziela angielskiego, 10 g goździków, ½ łyżeczki cynamonu, 3 liście laurowe, 75 dag cukru. Dodać pomidory i gotować wszystko razem kilka minut. Gorącą przyprawę wlać do wyparzonych słoików. Ta ilość przyprawy starcza na 5 do 6 półlitrowych słoików.

Jabłkowe kuleczki w syropie

1 szklanka cukru

1 szklanka wody

4 goździki

skórka otarta z 1 cytryny

2 szklanki kuleczek wyciętych z jabłek specjalną okrągłą łyżką

Przygotować syrop z cukru i wody, dodać skórkę cytryny i goździki. Gotować kilka minut, usunąć skórkę i goździki i wrzucić do syropu kulki jabłkowe. Gotować do miękkości. Podawać jako dodatek do drobiu i pieczonego mięsa.

Sos krewetkowy do ryby

1½ szklanki posiekanych gotowanych krewetek
3 łyżki soku z cytryny
sól i pieprz do smaku
1½ szklanki beszamelu
2 ugotowane na twardo jaja

Wymoczyć krewetki w soku cytrynowym (30 minut), po czym dodać je do beszamelu. Przed podaniem wrzucić do sosu dokładnie rozdrobnione jaja oraz trochę posiekanej natki pietruszki. Sosem polać rybę.

Romantyczna kantalupa

Kantalupę obrać i pociąć w kawałki ok. 2 cm. Namoczyć na noc w słabym occie. Na każde 3 kg owoców dodać 1 kg cukru i osiem pałek cynamonu, a także pełną łyżkę całych goździków. Gotować mniej więcej półtorej godziny lub do chwili aż owoce staną się szkliste. Umieścić w wyparzonych słojach i zamknąć. Podawać z drobiem lub do innych mięs.

Kantalupa

Sos cytrynowy do racuszków

½ szklanki cukru

3 łyżeczki skrobi kukurydzianej

1 szklanka wrzątku

½ cytryny

1 łyżka masła

Wymieszać cukier i skrobię kukurydzianą na patelni, wlać wrzątek; dodać masło, sok cytrynowy i zmieloną skórkę cytryny. Zagotować i mieszać do wyklarowania sosu. Podawać do racuszków z owocami. Ten sos jest też znakomity do puddingów.

Sos kreolski

2 łyżki oliwy z pierwszego tłoczenia
  2 cebule
  4 pomidory
  2 zielone papryki
  1 łyżeczka soli
  ½ łyżeczki sproszkowanej łagodnej papryki

Podgrzać oliwę; cebule, pomidory i papryki pokroić drobno i dodać do oliwy. Przyprawić papryką w proszku i dusić na małym ogniu do chwili podania. Podawać do omletu kreolskiego.

Sos kreolski 2

1 łyżka masła
  2 średnie, posiekane cebule
  1 ząbek czosnku
  1 łyżka posiekanej gotowanej szynki
  1 łyżka mąki
  1 szklanka pomidorów z puszki
  1 papryka ostra
  1 łyżka cukru
  2 łyżki octu
  sól

Rozpuścić na patelni łyżkę masła i wsypać dwie średnie, drobno posiekane cebule i rozgnieciony ząbek czosnku. Smażyć na małym ogniu aż cebula się lekko zarumieni, a wtedy dodać łyżkę drobno posiekanej gotowanej szynki i łyżkę mąki. Smażyć jeszcze kilka minut, a następnie dodać szklankę pomidorów z puszki. Doprawić solą i ostrą papryką, dodać łyżkę cukru i dwie łyżki octu. Wszystko to wymieszać i gotować piętnaście minut. Podawać do mięsa.

Sos kaparowy

1 łyżka masła
  1 szklanka mocnego bulionu
  ½ szklanki kaparów
  cytryna
  1 kieliszek białego wina
  1 łyżeczka cukru

Zarumienić łyżkę masła z łyżką mąki, rozprowadzić szklanką bulionu, wrzucić kapary, doprawić do smaku. Wlać wino, wsypać łyżeczkę cukru i zagotować.

Przystawki

KUCHNIA KREOLSKA ZAWSZE była znana z doskonałych, apetycznych sałatek. Malownicza sałatka, podobnie jak zwykła zupa lub gumbo, gościła codziennie na stołach nawet najskromniejszych domów kreolskich. Mawia się tam jednak, że „dobra sałatka jest zachwycającym daniem, ale zła jest gorsza niż żadna". Tu nadal jest w obiegu stare hiszpańskie powiedzenie, że „aby zrobić doskonałą sałatkę, musisz skąpić octu, być hojnym, jeśli chodzi o oliwę, mądrze dysponować solą, a wreszcie połączyć te składniki z pasją". Zgodnie z tutejszym obyczajem sałatkę polewa się oliwą przed doprawieniem innymi przyprawami, a sól do sałatki rozpuszcza się w occie.

Florydzkie gazpacho

4 pomidory
1 ogórek
2 zielone papryki
1 łyżka drobno posiekanej cebuli
½ łyżeczki sosu Worcester
½ łyżeczki sosu do steków A1 (zobacz słowniczek)
sól, pieprz, sproszkowana papryka

¼ łyżeczki gorczycy
1 łyżeczka cukru
3 twarde suchary
2 łyżki kwaśnej śmietany

Obrać ogórek i pomidory, pokroić w cienkie plasterki. Zieloną paprykę też pokroić bardzo cienko. Odsączyć. Suchary namoczyć w zimnej wodzie, wycisnąć. Umieścić warstwę mieszanki warzyw w misce i posypać posiekaną cebulą i rozmoczonymi sucharami. Polać kwaśną śmietaną z przyprawami. Powtarzać procedurę do wyczerpania składników. Umieścić w lodówce na 3 godziny. Podawać w „miseczkach" z liści sałaty lodowej.

Sałatka "Gwiazda Betlejemska"

W środku liścia sałaty ułożonego na talerzu umieścić plaster ananasa. Pociąć czerwoną, słodką paprykę na centymetrowe paski i ułożyć je tak, aby jeden koniec znajdował się w środku plasterka ananasa, a drugi tworzył coś w rodzaju płatka. Ulokować w ten sposób wszystkie płatki kwiatu, po czym przygotować miękką pastę z twarogu z sosem vinaigrette, doprawionego solą i sproszkowaną papryką. Ułożyć małą kulkę pasty w samym środku ananasa. Sałatka powinna przypominać gwiazdę betlejemską. Podawać z sosem vinaigrette.

Sałatka z awokado

3 awokado

sos vinaigrette

sałata

migdały

Schłodzić 3 gruszki awokado. Obrać, przeciąć na pół, wyjąć pestkę, pokroić w kostkę. Polać sosem vinaigrette. Podawać na chrupiącej sałacie, oprószone posiekanymi migdałami.

Sałatka owocowa z kurczakiem

3 szklanki białego, gotowanego mięsa kurczaka

1 pomarańcza

1 jabłko

15 dużych winogron

15 solonych migdałów

1 banan

1 szklanka majonezu

Pokroić kurczaka w kostkę. Usunąć pestki z cząstek pomarańczy i przeciąć każdą na dwie części. Przekroić winogrona na połówki, usuwając nasiona. Podzielić migdały i pociąć banana w plasterki. Dodać majonez i wymieszać wszystkie składniki powoli, ale dokładnie. Podawać schłodzoną na liściu sałaty.

Jabłka z cynamonem

6 twardych jabłek

1 szklanka wody

1 szklanka dropsów cynamonowych

2 szklanki cukru

Jabłka obrać i wydrylować. Umieścić jabłka na patelni na płycie, polać wodą, dodać dropsy i cukier. Gotować powoli, często przewracając jabłka w syropie. Kiedy jabłka są gotowe, wyjąć je z syropu łyżką cedzakową i umieścić na liściach sałaty lodowej. Napełnić wnętrza jabłek posiekanymi orzechami, twarożkiem i majonezem. Jeśli nie masz dropsów, dodaj płaską łyżeczkę cynamonu i dodatkowo pół szklanki cukru.

Orzechy (od góry): pekan, piniola, orzech laskowy, liczi, migdał, orzech brazylijski, amerykański orzech biały, kasztan jadalny, pistacja.

Sałatka pirata Jeana Lafitte

1 szklanka zimnego mięsa

   6 łyżek ostudzonych gotowanych ziemniaków

   6 łyżek ostudzonych gotowanych marchewek

   6 łyżek gotowanej fasoli szparagowej

   ½ szklanki sosu vinaigrette

   2 posiekane ogórki marynowane na słodko

   1 ugotowane na twardo jajo, posiekane

   ½ szklanki majonezu

Wymieszać warzywa i mięso z sosem vinaigrette. Odstawić na godzinę, a następnie dodać ogórki, jajo i majonez. Podawać sałatkę po schłodzeniu, na liściach sałaty.

Cole slaw

1 szklanka majonezu

   1 główka kapusty

   1 szklanka posiekanego zimnego mięsa

   1 szklanka posiekanej szynki

   1 zielona papryka

   1 czerwona papryka

   ½ posiekanej cebuli

1 białko jaja (jajo sparzyć przed rozbiciem)

Poszatkować kapustę, posiekać wszystkie składniki i dodać do kapusty. Rozcieńczyć majonez ubitym białkiem z jednego jaja i dodać do kapusty. Doprawić do smaku cukrem.

Niedrogi pasztet wieprzowy

1½ kg wieprzowiny z kością
2 szklanki mąki kukurydzianej
sól i pieprz
sok z cebuli lub (przetartą cebulę)

Przygotować półtora kilograma wieprzowiny z kością. Na każde pół kilo mięsa należy wziąć jeden litr wody i dusić na małym ogniu, aż mięso odpadnie od kości. Obrać kości z mięsa. Doprowadzić bulion do wrzenia, dodać tyle wody, aby wyszły dwie pełne szklanki. Do schłodzonego bulionu dodać dwie szklanki mąki kukurydzianej i nieustannie mieszając, gotować aż mieszanka zmieni się w gęstą papkę. Posiekać lub zmielić mięso i włożyć do garnka, dodać sól, pieprz i sok cebulowy. Gotować dwie minuty, nie przerywając mieszania. Przełożyć gorący pasztet do zwilżonej podłużnej brytfanki. Zostawić do ostudzenia. Gdy stężeje, pokroić w plastry i zarumienić każdy na patelni. Jeśli mięso było tłuste, to do smażenia nie jest potrzebny tłuszcz.

Kanapki z kurczakiem i grzybami

1 duży, ugotowany kurczak

2 szklanki bulionu z kurczaka

2 łyżki mąki

½ kg świeżych grzybów

2 łyżki masła

sól i pieprz

1 chleb kukurydziany

Z kurczaka usunąć skórę i kości. Mięso pokroić na małe kawałki. Przygotować sos z dwóch szklanek bulionu drobiowego zagęszczonego mąką. Obsmażyć grzyby w maśle. Dodać kurczaka i grzyby do sosu. Pokroić chleb kukurydziany na pajdy i przeciąć każdą w połowie. Na dolnych połówkach ułożyć kurczaka, przykryć od góry, a na to wyłożyć resztę masy. Podawać jako przystawkę.

Żelatynowe babeczki z kurczakiem

2 łyżki żelatyny

1 szklanka zimnej wody

4 szklanki gorącego bulionu drobiowego

2 łyżki soku z cebuli

1 szklanka posiekanego gotowanego kurczaka

½ szklanki posiekanej gotowanej szynki

½ szklanki posiekanego selera naciowego

1 duża, drobno posiekana słodka papryka

natka i majonez do przybrania

Namoczyć żelatynę w zimnej wodzie, dodać do gorącego bulionu. Wlać sok z cebuli i mieszać do rozpuszczenia żelatyny. Odstawić do schłodzenia, a kiedy zaczyna zastygać, wymieszać z resztą składników. Przelać do niewielkich filiżanek, ostudzić. Podawać schłodzone na sałacie z przybraniem z majonezu i pietruszki.

Paszteciki drobiowe

1 szklanka gotowanego mięsa kurczaka
2 jaja, lekko rozbełtane
1 łyżka śmietany
sól i pieprz
grubo zmielona bułka tarta
1 szklanka sosu białego
½ szklanki drobno posiekanego selera naciowego

Do posiekanego mięsa kurczaka dodać 1 jajko, śmietanę, sól i pieprz. Podzielić masę na małe placuszki, zanurzyć w pozostałym jajku (ew. rozrobionym z niewielką ilością mleka) i obtoczyć w bułce tartej. Usmażyć z obu stron na rumiano. Do gorącego białego sosu dodać seler naciowy, podgotować. Tuż przed podaniem pasztecików polać je sosem. Podawać na grzankach udekorowane natką pietruszki.

Kanapki z papają

Podpiec plasterki chleba, posmarować masłem i oprószyć cynamonem i cukrem. Na chlebie położyć plasterki surowej papai opryskane sokiem z cytryny lub podsmażone krążki papai ozdobione paseczkami słodkiej czerwonej papryki.

Nasiona są niejadalne, ale miąższ smaczny i soczysty

Kanapki z suszoną wołowiną

25 dag wędzonej wołowiny w cienkich plasterkach
½ szklanki rzadkiej śmietanki
1 szklanka mleka
1 łyżka masła
niepełna łyżka mąki
pieprz

Wymoczyć wędzoną wołowinę w gorącej wodzie (5 minut). Osuszyć na ręczniku papierowym. W garnku z podwójnym dnem zrobić zasmażkę z masła i mąki, dodać mleko i śmietankę, gotować kilka minut, po czym wrzucić przyprawy i wołowinę. Gotować jeszcze 10 minut i podawać na chrupiących tostach.

Krab w muszelkach

½ litra mięsa kraba

2 jaja ugotowane na twardo

1 łyżka masła

2 łyżki mąki

½ szklanki mleka lub słodkiej śmietanki

sól i pieprz

natka pietruszki

sos Worcester

Przygotować zasmażkę z jednej łyżki masła i jednej łyżki mąki; dodać pół szklanki śmietany lub mleka i zagotować, cały czas mieszając. Doprawić solą i pieprzem. Następnie wrzucić mięso kraba, posiekane jaja, posiekaną gałązkę natki, odrobinę sosu Worcester. Napełnić tą masą kokilki. Rozpuścić resztę masła, polać nadzienie i posypać tartą bułką. Piec w piekarniku o temperaturze 150°C do chwili, aż ładnie się zarumienią. Podawać na ciepło.

Pasztet z krewetek

1 litr gotowanych krewetek

sól, pieprz do smaku

kwiat muszkatołowy

2 kopiaste łyżki masła

Przepuścić litr obranych i ugotowanych krewetek przez maszynkę do mięsa. Włożyć mięso do garnka, posolić, dodać pieprz, kwiat muszkatołowy i dwie kopiaste łyżki masła. Podgrzać, przełożyć do formy, silnie ugniatając, polać rozpuszczonym masłem. Umieścić w lodówce, a po schłodzeniu pokroić w plasterki i podawać. To znakomita przystawka, zwłaszcza w połączeniu z sałatką z pomidorów.

Gotowana okra

½ litra młodej okry

1 łyżka octu estragonowego

sól i pieprz do smaku

Umyć okrę w zimnej wodzie, włożyć do niealuminiowego garnka. Dodać pół litra wody i łyżeczkę soli. Przykryć garnek i dusić okrę przez pół godziny. Po wyjęciu z garnka przyprawić solą i pieprzem do smaku, zalać łyżką octu estragonowego i zostawić do ostygnięcia. Podawać jako sałatkę do mięsa.

Sałatka krewetkowa

½ kilograma świeżych krewetek

2 duże dojrzałe pomidory

1 łodyga selera

¼ łyżeczki mielonej ostrej papryki

½ łyżeczki soli

majonez

Wrzucić krewetki do wrzącej, osolonej wody, gotować 15 minut. Ostudzić, obrać ze skorupek i zostawić na boku do schłodzenia. Pomidory obrać ze skórki, posiekać drobno, a następnie dodać pokrojoną łodygę selera naciowego. Połączyć z krewetkami. Przyprawić obficie papryką i solą, dodać majonez. Dobrze wymieszać. Podawać na zimno. W przepisie można też użyć krewetki puszkowane.

Duże krewetki zwane *prawns*.

Sałatka z krewetek i groszku

1 puszka gotowanych krewetek
½ szklanki pokrojonego w kostkę selera naciowego
2 ugotowane na twardo jaja
½ szklanki zielonego groszku

Wymieszać wszystkie składniki z rozcieńczoną śmietaną i przyprawić do smaku majonezem, a potem podawać jako sałatkę na chrupiącej sałacie. Danie to można też traktować jako przystawkę dla pięciu osób, układając na środku każdego talerza łyżkę krewetek, a potem otaczając je łyżką posiekanego selera naciowego, ugotowanych jaj i groszku. W tym wypadku będziesz potrzebował czubatej szklanki selera.

Chlebek ostrygowy

1 bułka francuska
24 ostrygi
½ szklanki gęstej śmietany
1 łyżka drobno posiekanego selera naciowego
pieprz i sól
2 krople sosu Tabasco

Odciąć górę bułki i wybrać miąższ łyżką. Jedną trzecią miąższu połączyć z masłem i podpiec w piekarniku. Usmażyć na maśle 24 obrane ostrygi, dodać ½ szklanki śmietany, łyżkę posiekanego selera, pieprz i sól, dwie krople sosu Tabasco i podpieczone okruchy bułki. Wymieszać, nadzieniem napełnić bułkę, przykryć odciętą wcześniej górą i zapiec 20 minut, często polewając sosem ze smażenia ostryg. Pokroić w plastry i podawać na gorąco.

Smażone ostrygi a la Norfolk

1 litr ostryg

2 jaja

tarta bułka

Ostrygi umyć i osączyć na sicie. Ubić jaja widelcem. Każdą ostrygę zanurzyć w tartej bułce, następnie w jajach, a potem znów w bułce. Podgrzać tłuszcz na patelni i krótko smażyć ostrygi. Odłożyć na ręcznik papierowy, aby ociekły z tłuszczu.

Drób i inne mięsa

KUCHNIA KREOLSKA POWSTAŁA z połączenia wielu światowych trendów kulinarnych. Zaadaptowała zarówno mięso zwierząt hodowlanych jak i dziczyznę. W polskiej kuchni właściwie nie widuje się już takich produktów jak gołębie czy żółwie, jednak ślady tych niegdysiejszych smaków można jeszcze znaleźć w starych książkach kucharskich: *Wziąć trzy żółwie, wyjęte ze skorup, bez nóg i głów, oczyścić je, ugotować z włoszczyzną, pieprzem i solą i półtora litra zielonego grochu [...]*[1]. Choć w latach późniejszych żółwie prawie zupełnie znikły z kuchni polskiej, zastąpione różnymi nie całkiem oczywistymi substytutami, jak cielęce ozory czy zwyczajna cielęcina, gołębie nadal można kupić w sklepach o szerokim asortymencie mrożonek mięsnych (np. w Makro). Co więcej sami hodowcy oferują czasem na sprzedaż co tłustsze okazy.

Dla tych wielbicieli niezwykłych smaków kuchnia kreolska też ma przepisy, choć mięso żółwia zastąpiłem cielęciną lub kurczakiem.

Wołowe żeberka w sosie pomidorowym

1 kg żeber wołowych
czosnek

1 duża cebula
2 szklanki pokrojonych pomidorów
sproszkowana papryka
sól i pieprz

Żeberka natrzeć solą, pieprzem i czosnkiem — zostawić na godzinę. Zalać wrzącą wodą, wrzucić cebulę w plasterkach. Gotować powoli dwie godziny. Dodać 2 szklanki pokrojonych pomidorów bez skórki i jedną łyżeczkę papryki, a następnie gotować godzinę na małym ogniu.

Nadziewane wieprzowe kieszonki

4 kotlety schabowe z kością (grubość 2 cm)
2 szklanki bułki tartej
1 łyżka posiekanej cebuli
1 szklanka posiekanych jabłek
sól i pieprz do smaku
ciepła woda do podlania

Nacinając od brzegu, wyciąć w każdym kotlecie kieszonkę o ściankach grubości 1 cm. Wymieszać składniki nadzienia i nadziać kieszonki. Ułożyć w płaskiej brytfannie tak, aby się nie stykały. Dolać trochę wody i piec w niezbyt wysokiej temperaturze, aż wieprzowina będzie miękka.

Kociołek z cielęciną

4 steki cielęce o grubości 1 cm

2 cebule

1 słodka papryka

sól i pieprz

mąka

Natrzeć steki przyprawami, obtoczyć w mące. W niewielkim kociołku rozgrzać tłuszcz, wrzucić paprykę i dwie cebule pokrojone w plastry. Lekko podsmażyć, dodać mięso, usmażyć na brązowo. Stopniowo dodawać szklankę gęstej śmietany. Wymieszać, przykryć i gotować godzinę na wolnym ogniu. Jeśli trzeba, dolać trochę wody, a następnie podawać w kociołku na stół.

Królik na sposób marylandzki

1 królik, pocięty na części

sól i pieprz

1 szklanka mąki

2 jajka

bułka tarta

4 łyżki masła

1 mała posiekana cebula

1 liść laurowy

Umyć kawałki królika i wytrzeć w ściereczkę. Posypać solą i pieprzem, a potem obtoczyć każdy kawałek w mące, jajach i tartej bułce. W garnku do pieczenia roztopić masło (najlepiej klarowane), ułożyć królika, dodać cebulę, liść laurowy i przykryć. Wstawić do piekarnika i piec półtorej godziny w temperaturze ok. 180°C. Podlać wodą, 1 do 2 szklanek w zależności od tego, jak dużo sosu potrzebujesz, a następnie piec kolejne pół godziny, uzupełniając wodę w miarę potrzeby.

Wątróbka cielęca

½ kg cielęcej wątroby pokrojonej w kostkę
2 małe cebule pokrojone w cienkie plasterki
2 gałązki natki
sól i pieprz

Pokroić wątrobę na kawałki o boku 2 cm, posypać solą i pieprzem, przykryć cebulą, odstawić na dwie godziny. Smażyć w głębokim tłuszczu (200°C) jedną minutę. Odcedzić, przybrać cytryną i natką, podawać na gorąco.

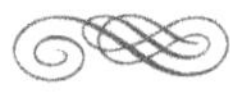

Drobiowe wątróbki w kokilkach

1 szklanka wątróbek drobiowych
1 łyżka masła
½ łyżki śmietany
2 łyżki mleka
3 jaja
½ szklanki pokrojonych pieczarek
siekana natka pietruszki
sól, pieprz i sproszkowana papryka

Rozdrobnić surowe wątróbki, ubić żółtka, a następnie dodać śmietanę, mleko, masło, sól, pieprz, natkę i drobno pokrojone pieczarki. Na końcu dodać pianę ubitą z białek. Umieścić masę w natłuszczonych kokilkach. Przykryć papierem pergaminowym. Ustawić kokilki na patelni z wodą i piec w piekarniku przez ok. 15—20 minut.

Jaja nadziewane wątróbkami drobiowymi

2 wątróbki kurczaka lub jedna indycza
½ łyżeczki soku cebulowego
2 łyżki masła
4 ugotowane na twardo jaja
1 łyżeczka posiekanej natki pietruszki
sos Worcester do smaku
¼ szklanki startego sera
sól i pieprz
sok ze startej cebuli

Umyć wątróbki, obrać z włókien. Posiekać dokładnie i skropić sokiem cebulowym. Usmażyć na klarowanym maśle (lub oliwie). Przeciąć jaja na połówki, wyjąć żółtka, białka odłożyć na bok. Przetrzeć żółtka przez sito, dodać natkę, sól, pieprz i sos Worcester, a następnie wymieszać wszystko z wątróbką. Wypełnić zagłębienia w białkach nadzieniem, oprószyć startym serem i piec, aż ser się roztopi. Podawać z tostami i sosem pomidorowym.

Danie a la żółw

1 mały kurczak lub pół kilo cielęciny
2 żółtka
2 łyżki mąki
10 dag masła
sól i pieprz
kieliszek sherry lub madery

Kurczaka ugotować, obrać mięso z kości i pokroić w bardzo cienkie paseczki. Ubić żółtka z sześciu jaj i odstawić na bok. Z dwóch łyżek mąki i 10 dag roztopionego masła przygotować zasmażkę, wlać pół litra mleka i ogrzać do wrzenia. Dodać rozbełtane żółtka, doprawić solą i pieprzem. Wstawić z powrotem na gaz, dodając pokrojone mięso. Przed podaniem wlać jeden duży kieliszek wina.

Gołębie w kruchym cieście

4 gołębie hodowlane, podgotowane
   kruche ciasto
   3 łyżki masła
   3 łyżki mąki
   2 kubki rosołu z gołębi
   1 szklanka mleka
   sól i pieprz
   bułka tarta posiekana z masłem

Usmażyć gołębie na rumiano. Wyłożyć głęboki garnek kruchym ciastem i umieścić tam gołębie. Wymieszać trzy łyżki mąki z roztopionym masłem i dodać mleko, mieszając. Doprawić solą i pieprzem, podgrzać do zgęstnienia. Wylać sos na gołębie, posypać tartą bułką z masłem po wierzchu i wstawić do gorącego piekarnika (230°C) na 10 minut. Zmniejszyć temperaturę do 200°C i piec następne 8 do 10 minut, aż bułka i krawędzie ciasta ładnie się zarumienią.

Pieczone gołębie z pilawem

4 tuszki gołębi
6 plasterków bekonu
1 cebula
¾ szklanki posiekanego selera naciowego
2 szklanki ryżu
4 szklanki bulionu drobiowego
4 jaja
sól i pieprz
marynata (patrz przepis na musztardę kreolską)

Nadzienie: bekon pokroić i usmażyć na chrupko. Wyjąć bekon i podsmażyć w tłuszczu posiekany seler naciowy i cebulę. Ugotować ryż w bulionie drobiowym, po czym dodać bekon, seler i cebulę. Rozbełtać jaja i wlać do ryżu. Doprawić solą i pieprzem. Umyte i natarte solą tuszki nadziać, pozostałym nadzieniem wymościć brytfankę i ułożyć na nim tuszki. Piec w wysokiej temperaturze (250°C) ok. 25 minut, polewając często marynatą, która została po produkcji musztardy kreolskiej (zobacz).

Kurczak z pieczarkami

1 kurczak
10 dag masła
4 gałązki natki
1 mała cebula
10 dag pieczarek
1 ząbek czosnku
sól

pieprz

bułka tarta

Oczyścić kurczaka i podzielić wzdłuż na dwie połówki. Ułożyć na patelni z roztopionym masłem. Posiekać natkę, cebulę, grzyby i czosnek i wrzucić do masła; doprawić solą i pieprzem. Przykryć patelnię i dusić piętnaście minut, obracając tuszkę od czasu do czasu, aby mięso wchłonęło smak przypraw. Obtoczyć kurczaka w bułce tartej i piec w piekarniku do chwili aż będzie rumiany. Wyjątkową miękkość kurczaka zapewnia kombinacja przypraw i pieczarek, a także wcześniejsze poduszenie na maśle.

Duszony kurczak z kluskami

1 kurczak

1 szklanka mąki

2 łyżeczki proszku do pieczenia

mleko do ciasta

sól i pieprz do smaku

natka pietruszki

1 mała cebula pokrojona w kostkę

Pokrojoną tuszkę kurczaka umieścić w kociołku i zalać wodą prawie do samej góry. Dodać posiekaną cebulę, sól i pieprz; gotować do miękkości. Z mąki, proszku do pieczenia, soli, posiekanej drobno natki i mleka przyrządzić gęste ciasto i upuszczać je porcjami z łyżki do bulionu wrzącego w kociołku. Przykryć szczelnie i gotować 20 minut bez podnoszenia pokrywy. Wyjąć mięso na półmisek i otoczyć odcedzonymi kluskami.

Kurczak na grillu

1 mały kurczak do pieczenia
  Marynata:
  5 łyżek rozpuszczonego masła
  2 łyżki octu
  2 łyżeczki musztardy
  ½ łyżeczki sosu Worcester
  szczypta papryki

Podzielić kurczaka na części, kawałki ułożyć na ruszcie skórą w dół, a następnie piec nad umiarkowanym płomieniem do zarumienienia. Obrócić i opiekać drugą stronę. Podczas pieczenia często smarować marynatą.

Pieczony kurczak z marylandu

1 mały kurczak
  mąka
  sól i pieprz
  masło lub olej do smażenia
  szklanka wody

Wybrać małego kurczaka, umyć i pokroić na połówki lub ćwiartki. Osuszyć, a następnie zanurzyć w mące z solą i pieprzem. Na patelni rozgrzać spory kawałek masła lub olej, wrzucić kawałki kurczaka i szybko obsmażyć ze wszystkich stron. Zmniejszyć ogień, dolać jedną filiżankę wody i dusić na małym ogniu pod pokrywką. Odkryć, podsmażyć do zbrązowienia. Podawać z kremowym sosem do kurczaka.

Kurczę w cieście

1 kurczak ok. 90 dag
    ciasto na tartę
    ¼ szklanki masła
    sól i pieprz
    1 szklanka mleka
    ¼ szklanki bulionu drobiowego

Kurczaka umyć i podzielić na części. Włożyć do garnka z pokrywką, wlać tylko tyle wrzącej wody, aby przykryć mięso, a następnie dusić na małym ogniu do miękkości. Obrać mięso z kości. Zagnieść ciasto na tartę z mniejszą ilością masła niż w przepisie, odstawić na 30 minut do lodówki, a następnie podzielić na dwie części. Rozwałkować jeden kawałek bardzo cienko, wyłożyć naczynie do pieczenia, umieścić warstwę mięsa. Posypać solą i pieprzem, położyć kilka kawałków masła. Resztę tego kawałka ciasta pokroić w paski, przykryć kurczaka. Układać na przemian mięso i ciasto — do wyczerpania składników. Dodać mleko i około ¼ szklanki bulionu. Rozwałkować drugą część ciasta, rozłożyć na nim resztę masła, złożyć na pół i zgnieść na nowo. Rozwałkować, przykryć mięso i ciasto, zacisnąć krawędzie. Górną część ciasta naciąć ukośnie, aby umożliwić ucieczkę pary. Piec ciasto w 200°C, aż do ładnego zarumienienia. Kurczaka w cieście podaje się zazwyczaj w tym naczyniu, w którym był pieczony.

Hash z kurczaka

2 łyżki masła

1½ łyżki mąki

1 szklanka bulionu drobiowego

2 szklanki gotowanego mięsa kurczaka

Z mąki i masła przygotować beszamel, używając bulionu zamiast mleka. Kiedy zgęstnieje, wymieszać z posiekanym drobno mięsem. Umieścić w natłuszczonym i posypanym tartą bułką naczyniu i zapiec. Podawać z plasterkami tostów.

Małe burgoo

Burgoo to rodzaj lekkiego gulaszu. Dawniej do przygotowania burgoo brano to, co można było upolować i znaleźć w lasach stanu Kentucky. Do małego burgoo można wziąć dowolne chude mięso i dowolne warzywa, świeże lub puszkowane. Moim zdaniem najlepsze jest burgoo wołowe lub z mięs mieszanych.

Mięso należy pociąć w kostkę. Jeśli są kości, wrzuć je do dużego kociołka razem z mięsem. Aby wzbogacić aromat burgoo można dodać dowolne suszone warzywa (oprócz buraków).

Jeśli planujesz wrzucić do kociołka fasolkę szparagową i ugotowane ziemniaki, to zrób to dopiero na godzinę przed podaniem. Jeśli dodajesz surowe ziemniaki, to zrób to przed dodaniem pomidorów, bo nie zmiękną. Wypełnij kociołek wodą do połowy, zagotuj. Przygotuj warzywa: cebule obierz i podziel na połówki, oskrob marchewki i pokrój w talarki, obrane ziemniaki w kostkę. Kiedy woda w kociołku wrze, dodaj warzywa. Zmniejsz ogień i gotuj warzywa do miękkości. Dodaj sól i przyprawy. Smak potrawy podkreślą pomidory, świeże albo puszkowane, obrane ze skórki i pokrojone. Szczególne znaczenie ma przyprawa kreolska (patrz przepis).

Tradycyjnego burgoo nie zagęszcza się ani mąką, ani ryżem, bo bulion, który zostaje po serwowaniu potrawy, przecedza się i pije oddzielnie. Jak wiele dań tego rodzaju, burgoo najlepsze jest na drugi dzień.

Dania kreolskie znakomicie przygotowuje się na świeżym powietrzu

Gulasz kreolski

2 puszki czerwonej fasoli
25 dag bekonu w plasterkach
1 litr puszkowanych pomidorów
1 łyżeczka proszku do pieczenia
10 dag twardego żółtego sera
przyprawa kreolska

Usmażyć bekon na chrupko, odłożyć na bok. Do tłuszczu ze smażenia bekonu dodać fasolę, a następnie pomidory z proszkiem do pieczenia. (Dodanie proszku zmniejsza kwaśność pomidorów.) Wymieszać, doprawić do smaku. Wyłożyć do naczynia do zapiekania. Przykryć dokładnie, wstawić do średnio gorącego piekarnika i dusić ok. 1 godziny. Zdjąć pokrywkę i oprószyć tartym serem, ułożyć na wierzchu kawałki bekonu i piec jeszcze 10 minut bez przykrycia. Podawać w naczyniu do zapiekania.

Hash z wołowiny

2 łyżki masła
3 szklanki pokrojonych w kostkę, gotowanych ziemniaków
¾ szklanki śmietany
3 łyżeczki drobno posiekanej natki pietruszki
2 szklanki gotowanej wołowiny

Rozpuścić masło w garnku z podwójnym dnem, wrzucić ziemniaki, wlać śmietanę, dodać posiekaną wołowinę i natkę. Wymieszać dobrze, ale bez rozgniatania ziemniaków. Umieścić w brytfance lub kokilkach, położyć masło na wierzchu i zapiekać do zbrązowienia. Przed zapiekaniem na powierzchni masy podstawowej można (ale nie trzeba) zrobić zagłębienie i wbić jajo. Przybrać gałązką pietruszki. Podawać w naczyniu do zapiekania.

Dżambalaja

(SPOSÓB NA WYKORZYSTANIE RESZTEK MIĘSA)

1½ szklanki zimnego, gotowanego mięsa z kurczaka, cielęciny lub baraniny

1 szklanka ugotowanego ryżu

2 duże łodygi selera

½ zielonej papryki

1 duża cebula

1½ szklanki duszonych pomidorów (bez skórki)

sól i pieprz

grzanki na maśle

Wymieszać mięso, ryż i pomidory i poddusić je razem 10 minut. Posiekać i dodać cebulę, paprykę i seler. Wyłożyć wszystko do naczynia do zapiekania, przykryć grzankami. Piec godzinę w średnio nagrzanym piekarniku (180°C). Podawać gorące w naczyniu do zapiekania.

Kreolski gulasz z wołowiny

75 dag chudej wołowiny

2 szklanki pomidorów

1 duża cebula

1 zielona papryka

1 szklanka fasolki szparagowej

1 puszka kukurydzy

2 marchewki, pokrojone w talarki

mąka

sos Worcester

ziemniaki

Umieścić wołowinę w naczyniu do pieczenia lub głębokiej żeliwnej patelni. Dokoła mięsa ułożyć tyle ziemniaków, ile potrzeba, a także pokrojone pomidory, cebulę, zieloną paprykę, fasolkę, kukurydzę, marchewkę. Oprószyć obficie solą i pieprzem, zalać wodą i umieścić w piekarniku (ok. 150°C). Gotować aż do zmięknięcia mięsa, uzupełniając ilość wody, aby mięso nie wyschło. Wyjąć mięso z naczynia do pieczenia i serwować na półmisku, w otoczeniu warzyw. Do sosu dodać mąkę i zagęścić na ogniu, przyprawić natką i sosem Worcester. Sos podawać w sosjerce.

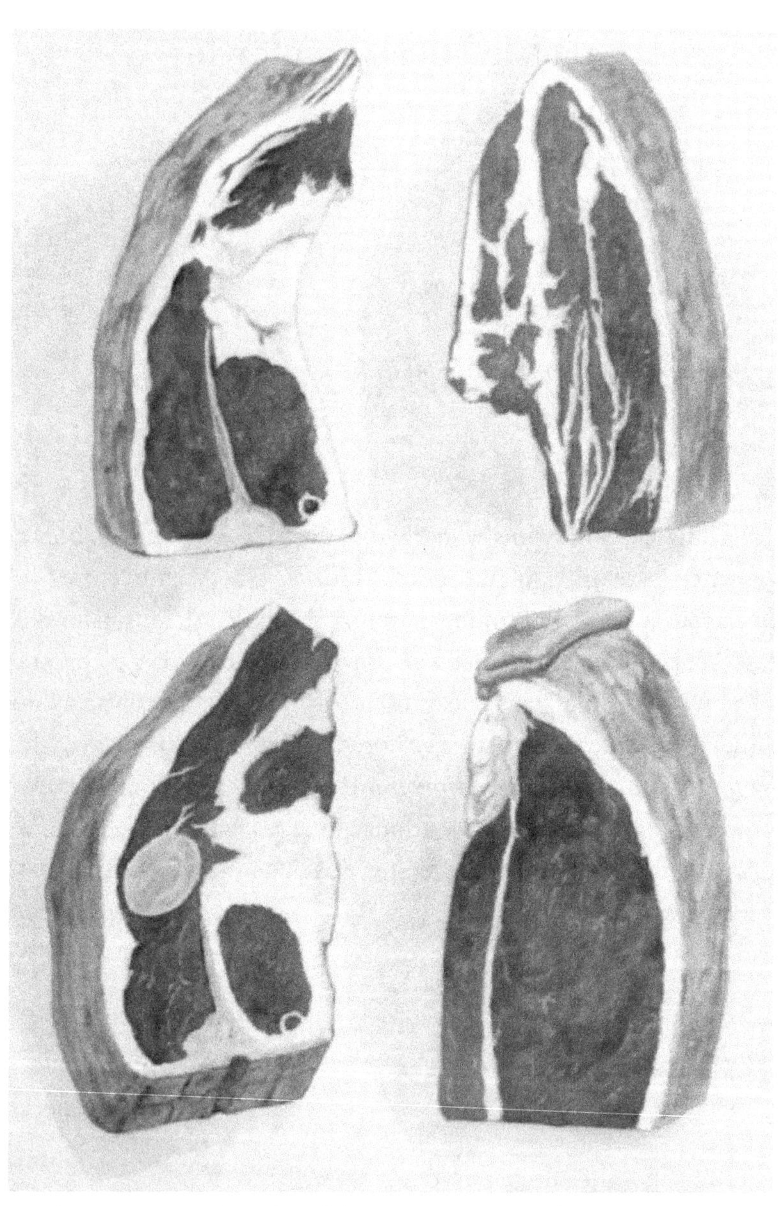

Wołowina na gulasz kreolski nie musi być droga, ale wymaga
usunięcia większości tłuszczu

Zapiekanka z ryżu i kurczaka

2 szklanki ryżu
2 szklanki mleka
1½ łyżki masła
2 jaja
1 ugotowany kurczak

Usunąć z kurczaka kości, pokroić na kawałki o boku 2 cm. Ugotować ryż w osolonej wodzie. Wymieszać z masłem, mlekiem i jajami. Umieścić połowę ryżu w naczyniu do pieczenia, przykryć warstwą kurczaka, a potem znowu warstwą ryżu. Piec w temperaturze do 200°C, aż do silnego zarumienienia.

Kaczka w imbirze

1 kaczka
2 łyżki zmielonego świeżego imbiru
1 duża cebula
4 goździki
nadzienie (zobacz odpowiedni rozdział)
1 szklanka wody
sól i pieprz

Oczyścić kaczkę, natrzeć solą i pieprzem. Wetrzeć w mięso (również w środku) 2 łyżki zmielonego lub startego na tarce imbiru. Obraną cebulę z wbitymi w nią 4 goździkami ułożyć na kaczce. Nadziać kaczkę nadzieniem chlebowym, jabłkami lub pieczarkami. Umieścić w brytfance i podlać szklanką wody. Piec, często podlewając. Podawać z dodatkami takimi jak żurawina lub borówki. Sos serwować oddzielnie, powinien być bardzo aromatyczny. Doskonałym dodatkiem są też pieczone pomarańcze (zobacz przepis).

Kreolskie zrazy z jabłkami

2 duże plastry surowej szynki
1 łyżeczka roztartych nasion gorczycy
2 łyżeczki octu
½ szklanki cukru brunatnego
1 łyżka masła
2 jabłka

Wymieszać gorczycę z octem. Rozsmarować masę gorczycową na cienkich plastrach szynki. Pokroić jabłka drobno i rozłożyć na szynce. Oprószyć obficie brunatnym cukrem. Zwinąć plastry szynki wzdłuż dłuższych boków, spiąć metalowymi klamrami lub obwiązać nitką. Umieścić w naczyniu do pieczenia, na wierzchu położyć niewielkie kawałki masła. Piec w średnio gorącym piecu (180°C) ok. 40 minut. W czasie pieczenia często polewać sosem.

Hamburgery z rusztu

½ kg mielonej wołowiny (na 4 hamburgery)
2 łyżeczki siekanej cebuli
sól i pieprz do smaku
1 łyżka zimnej wody

1 łyżka posiekanego tłuszczu

Wymieszać wszystko dokładnie, z masy uformować okrągłe kotleciki. Na każdym położyć niewielki kawałek masła i szybko podpiec na ruszcie z obu stron.

Szynka w gorczycy

1 plaster surowej wędzonej szynki
½ szklanki brunatnego cukru
1 łyżeczka rozgniecionych nasion gorczycy
2 szklanki mleka

Plaster szynki o grubości ok. 2 cm nasmarować z obu stron gorczycą, umieścić w naczyniu do pieczenia, oprószyć cukrem i zalać mlekiem. Piec w niskiej temperaturze (ok. 150°C) około 1 godziny.

Szynka pieczona na ruszcie

1 plaster surowej wędzonej szynki
1 szklanka mleka
1 szklanka wody

Szynkę oczyścić z włókien i moczyć przez godzinę w wodzie i mleku, aby usunąć nadmiar soli. Wytrzeć dokładnie i umieścić na ruszcie do pieczenia. Piec w niskiej temperaturze (150°C), a kiedy dojdzie i lekko się zarumieni, wyłożyć na podgrzany półmisek.

Pieczeń z bekonem

1½ kg mielonego mięsa wołowo-wieprzowego
2 duże ziemniaki, ugotowane i rozgniecione
1 cebula, drobno posiekana
2 plasterki chleba, pokrojone w kostkę
posiekana natka pietruszki
sól i pieprz
3 jaja ugotowane na twardo
10 dag bekonu (lub chudego boczku) w plastrach

Wymieszać mięso, ziemniaki, cebulę, chleb i przyprawy. Podzielić na 2 części. Jedną połowę wyłożyć do brytfanki, przykryć warstwą jaj i pozostałą częścią masy. Na wierzchu ułożyć plastry bekonu i przez półtorej godziny piec w dość gorącym piekarniku (ok. 200°C).

Szynka z ananasem

1 gruby plaster wędzonej surowej szynki
2 szklanki mleka
2 łyżki masła
1 puszka ananasa w plastrach

Duży plaster szynki o grubości 2—3 cm wymoczyć w mleku (ok. 4 godzin). Wyjąć, osączyć i umieścić na gorącej patelni z masłem. Smażyć na małym ogniu do zbrązowienia, raz z jednej, raz z drugiej strony. Przenieść do brytfanki i umieścić w ciepłym piekarniku (ok. 100°C), aby mięso było gorące, ale już się nie piekło. Umieścić plastry ananasa na patelni z tłuszczem od smażenia szynki i podsmażyć każdy z obu stron do zarumienienia.

Wyjąć szynkę na gorący półmisek, a na niej i dookoła ułożyć ananas. Wymieszać sok ananasowy z tłuszczem od szynki i polać mięso.

Solona szynka suszona na powietrzu

Szynka na sposób wirginijski

surowa, solona (dojrzewająca) szynka o wadze 5—6 kg
  2 łyżki brązowego cukru
  garść goździków
  kieliszek sherry

rukola, natka pietruszki

Zalać szynkę wodą i moczyć 12 godzin, potem gotować bardzo powoli (4 do 5 godzin) aż do miękkości. Zostawić do ostygnięcia w sosie, w którym się gotowała. Kiedy ostygnie, zdjąć skórę i ostrym nożem naciąć wierzch szynki na krzyż. Oprószyć szynkę 2 łyżkami brązowego cukru i pieprzem. Naszpikować szynkę goździkami i polać sherry. Piec 20 minut w gorącym piekarniku (200—230°C), aż do zbrązowienia. Wyjąć na gorący półmisek, przed podaniem przybrać rukolą i natką pietruszki.

Flaczki na chrupko

flaki wołowe lub drobiowe
1 łyżka goździków
1 czerwona papryka
1 jajo, rozbełtane
tarta bułka
tłuszcz do smażenia

Flaki dokładnie oczyścić i zalać wrzącą, osoloną wodą. Dodać goździki (w całości) i drobno pokrojoną czerwoną słodką paprykę. Gotować do miękkości. Odsączyć, pokroić flaczki n a kawałki (o długości ok. 5 cm), zamoczyć każdy w ubitym jaju i tartej bułce. Smażyć w głębokim tłuszczu do uzyskania koloru brązowego.

Kurczak a la żółw

2 grasice cielęce

1 duży kurczak, ugotowany

1 litr śmietany

1 łyżka skrobi kukurydzianej

mleko

2 żółtka

1 kieliszek sherry

Grasice wymoczyć w lekko zakwaszonej wodzie, zalać wrzątkiem i podgotować. Zostawić do ostygnięcia. Oczyścić z włókien i pokroić na niewielkie kawałki. Mięso kurczaka obrać z kości i dodać do grasicy. Wlać śmietanę do garnka z podwójnym dnem i zagęścić skrobią rozrobioną w mleku. Kiedy sos jest ciepły, wbić 2 żółtka i wymieszać. Podgrzewać dalej, wrzucić masło i przyprawy, a gdy wrzący sos zacznie gęstnieć, wrzucić mięso z grasicą i wymieszać. Tuż przed podaniem wlać kieliszek sherry. Można podawać na grzankach lub w foremkach z ciasta francuskiego albo kruchego.

Pieczone kuropatwy

4 kuropatwy

4 plastry surowego boczku

sól i pieprz

1 szklanka wody

1 szklanka słodkiej śmietanki

upieczone tosty

pieczone pomarańcze (zobacz przepis)

Kuropatwy oczyścić, każdą owinąć plastrem boczku na wysokości piersi (przypiąć wykałaczką lub obwiązać, aby się nie zsunął). Natrzeć skórę i wnętrze tuszek solą i pieprzem. Ułożyć ptaki w brytfance, podlać szklanką wody i piec 30 minut w gorącym piekarniku (200—230°C), polewając co 5 minut. Kiedy skórka ptaków się ładnie zarumieni, tuszki polać słodką śmietanką. Śmietanka powinna się w brytfance podgotować (1—2 minuty). Jeszcze raz polać tuszki i podawać na półmisku wyłożonym chrupiącymi tostami. Można przybrać pieczonymi pomarańczami.

Gulasz brunszwicki z okrą

2 łyżki smalcu
  1 kurczak (ok. 1—1,5 kg)
  2 cebule
  3 szklanki wody
  3 pomidory bez skórki, podzielone na ćwiartki
  ½ szklanki sherry
  2 łyżki masła
  ½ szklanki tartej bułki
  2 łyżeczki sosu Worcester
  ½ kg fasoli w strąkach (lima, szparagowa)
  sól i pieprz
  ½ szklanki okry
  3 kolby kukurydzy w stadium mlecznym

Usmażyć cebulę na smalcu, dodać pokrojone i przyprawione mięso kurczaka. Kiedy kurczak się usmaży, wylać tłuszcz, a mięso z cebulą przełożyć do żeliwnego kociołka. Dodać wodę, ziemniaki, sherry i sos Worcester, gotować pół godziny gotować na niewielkim ogniu. Wrzucić fasolkę, okrę i świeże ziarna kukurydzy. Poddusić jeszcze godzinę. Na koniec wrzucić masło i tartą bułkę, a potem dusić jeszcze pół godziny.

Pieczony udziec jagnięcia

udziec jagnięcia (do 1 roku życia)
   2 cebule
   Marynata:
   1 ząbek czosnku
   1 łyżeczka zmielonego świeżego imbiru
   1 łyżeczka nasion gorczycy
   pieprz i sól
   Sos do polewania:
   2 łyżki oliwy
   2 łyżki sosu Tabasco
   1 łyżka sosu Worcester
   1 łyżka octu

Udziec umyć, wytrzeć mokrą ściereczką i dokładnie natrzeć marynatą. Zawinąć i zostawić w lodówce na noc do skruszenia. Na drugi dzień oprószyć dokładnie mąką i podpiec w gorącym piekarniku (200—230°C) do zrumienienia (ok. 25 minut). Zmniejszyć ogień i polać sosem przyrządzonym z następujących składników: sos Tabasco, sos Worcester, ocet i oliwa. Pokroić cebulę w plasterki i obłożyć nią mięso, dodać czosnek. Polewać co 15 minut. Piec 30 minut na każde 0,5 kg mięsa. Na godzinę przed końcem pieczenia podlać szklanką wrzątku. Przed podaniem sos odtłuścić (zdjąć łyżką warstewkę tłuszczu z powierzchni sosu), przecedzić i podawać w sosjerce na gorąco.

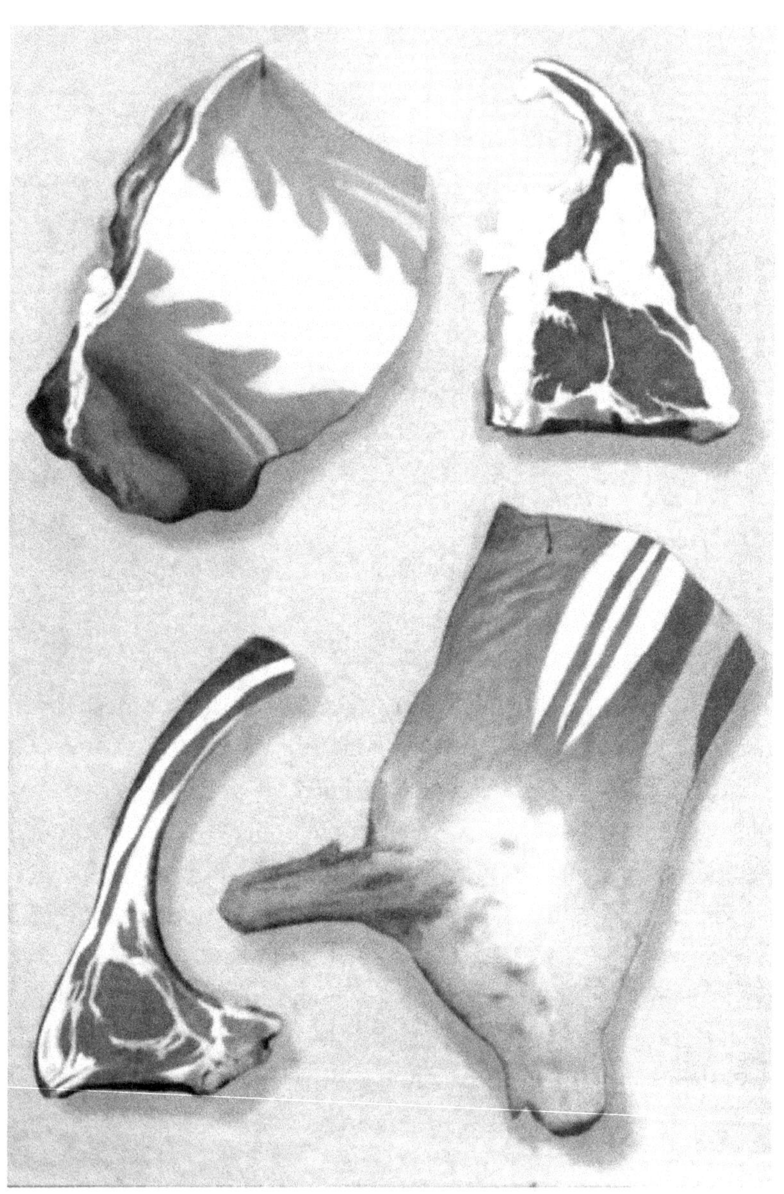

Jagnięcina nie ma tak silnego zapachu jak baranina

Kurczak chili con carne

1 kurczak
  2 łyżki soli
  1 duża puszka pomidorów
  3 duże cebule, posiekane
  3 ząbki czosnku, posiekane
  1½ łyżeczki sproszkowanej ostrej papryki
  1 litr gotowanej czerwonej fasoli
  krakersy

Zalać kurczaka wodą i wrzucić pomidory, sól, 2 ząbki czosnku, 2 cebule. Ugotować do miękkości, wyjąć kurczaka z zupy, usunąć kości, a mięso pokroić na małe kawałki. Włożyć z powrotem do zupy. Podgrzać i ciągle mieszając, dodać ostrą paprykę w proszku. W oddzielnym naczyniu rozpuścić 2 łyżki masła i delikatnie podrumienić pozostałą cebulę i 1 ząbek czosnku. Dodać do sosu i gotować 1 godzinę. Pod koniec wrzucić 1 litr ugotowanej czerwonej fasoli. Gotować na maleńkim ogniu około 10 minut, a potem serwować w głębokich miseczkach, z krakersami.

Kurczak chili con carne

Groch z ryżem

1 szklanka gotowanego ryżu
2 łyżki masła
2 szklanki suchego grochu
10 dag wieprzowiny
sól, pieprz i masło

Zalać groch i zostawić na noc. Na drugi dzień zalać świeżą wodą i ugotować do miękkości, starając się, aby w czasie gotowania ziarna się nie rozpadły (nie mieszać). Wraz z grochem ugotować kawałek wieprzowiny (dla smaku). Ugotowany groch powinien być przykryty tylko niewielką ilością sosu. Wymieszać groch z gotowanym ryżem, doprawić solą, pieprzem i masłem; podawać z chlebem.

Domowa fasola

½ litra białej fasoli
10 dag słoniny lub boczku
1 łyżeczka musztardy
1 łyżeczka soli
1 łyżka melasy
½ szklanki wrzątku
1½ łyżki cukru

Zalać fasolę zimną wodą i moczyć przynajmniej 12 godzin, następnie zmienić wodę i gotować na bardzo małym ogniu. Aby sprawdzić, czy fasola doszła, wyjmij kilka ziaren i połóż w chłodzie. Fasola jest ugotowana, kiedy w czasie wysychania nasienia pęka skórka. Gotową fasolę odcedzić. Wieprzowinę pokroić w paski i wetknąć w fasolę tak, by ich końce wystawały. Wymieszać musztardę, cukier, sól i pieprz, dodając tyle wody, aby przykryła fasolę. Zapiekać w zamkniętym garnku w niskiej temperaturze przez sześć do siedmiu godzin. Na godzinę przed wyjęciem z piekarnika zdjąć pokrywkę, aby powierzchnia dania się zarumieniła i była chrupka.

Fasola szparagowa z boczkiem

1 puszka fasoli szparagowej (wraz z płynem)
2 średnie ziemniaki
10 dag chudego boczku
¼ łyżeczki soli
1 szklanka wody
pieprz
1 mała cebula (w całości)

Ziemniaki pokroić w kostkę o boku 1 cm. Boczek pokroić w kostkę podobnej wielkości i podsmażyć. Włożyć wszystkie składniki do kociołka i gotować do zmięknięcia ziemniaków (mniej więcej 15 minut).

Nadzienia

NADZIENIE JEST W KUCHNIACH oszczędnych sposobem na spożytkowanie niewykorzystanych pozostałości dań, zwiększenia masy i pożywności potrawy, a wreszcie dodanie pospolitym potrawom elegancji. Wiemy przecież, że inaczej smakuje i wygląda kurczak upieczony bez nadzienia i ten wzbogacony o interesujące wnętrze.

W kuchni kreolskiej, oszczędnej i pragmatycznej, nie wyrzuca się suchego pieczywa czy resztek mięsa, ale tworzy z nich smakowitą kombinację, którą wypełnia się kaczki, kurczaki i indyki, albo używa się jako masy do położenia na tarcie. Takie potrawy są znacznie pożywniejsze, no i oczywiście dają kucharzowi poczucie, że w jego kuchni nie marnuje się jedzenia.

Nadzienie chlebowe

1 litr starej bułki
zimna woda lub mleko
1 łyżeczka soli
⅛ łyżeczki czarnego pieprzu
¼ łyżeczki przyprawy drobiowej
1 łyżeczka siekanej natki pietruszki

łyżeczki siekanej cebuli (można pominąć)
2 łyżki rozpuszczonego tłuszczu
1 jajo
posiekane serce, wątróbka i żołądek kurczaka

Jeden litr suchej bułki namoczyć w zimnej wodzie lub mleku i wycisnąć. Doprawić następującymi składnikami: 1 łyżeczka soli, ⅛ łyżeczki czarnego pieprzu, ¼ łyżeczki przyprawy drobiowej, 1 łyżeczka posiekanej natki pietruszki, ½ łyżeczki cebuli, posiekanej bardzo drobno. Dolać 2 łyżki roztopionego tłuszczu i wymieszać dokładnie. Rozbełtać jajo i dodać do mieszanki, następnie wrzucić podgotowane serce, wątrobę i żołądek drobiowy, ewentualnie dobrej jakości wątrobiankę.

Nadzienie z kasztanów

1 jajo
½ kg kasztanów jadalnych
¼ szklanki tłuszczu drobiowego
¼ szklanki masła
2 szklanki posiekanego selera naciowego
szklanka posiekanej cebuli
6 szklanek tartej bułki
drobno posiekana natka pietruszki
sól i pieprz

Gotować kasztany mniej więcej dwadzieścia minut. Zdjąć łupiny i brązowe skórki, gdy kasztany są jeszcze gorące. Rozpuścić tłuszcz drobiowy i masło. Podsmażyć w nim seler naciowy i cebulę, dodać kilka gałązek posiekanej natki pietruszki, a następnie jajo, tartą bułkę i kasztany. Doprawić do smaku solą i pieprzem. Mieszać na patelni, aż masa stanie się gorąca. Wytrzeć kurczaka lub indyka w środku do sucha, oprószyć solą i napełnić gorącym nadzieniem. Użyte składniki wystarczą na pięciokilowego indyka.

Kasztany jadalne

Nadzienie jabłkowe

1 mała cebula

6 łyżek masła

1 szklanka posiekanego selera naciowego

3 szklanki suchej tartej bułki

4 szklanki posiekanych jabłek

2 łyżki siekanej natki pietruszki

4 łyżki rodzynek

sól i pieprz

Posiekać cebulę i podsmażyć na maśle, dodać seler naciowy, bułkę tartą, jabłko i pietruszkę. Doprawić solą i pieprzem, a następnie wrzucić rodzynki.

Nadzienie z ostryg

¾ szklanki masła

2 łyżki posiekanej cebuli

3 łyżki siekanej natki pietruszki

1½ szklanki siekanego selera naciowego

6 szklanek miękkiej bułki tartej

½ litra posiekanych ostryg

sól i pieprz do smaku

Roztopić masło i usmażyć w nim cebulę, natkę pietruszki i seler naciowy. Dodać tartą bułkę, podgrzać. Wrzucić posiekane ostrygi i przyprawy.

Nadzienie z chleba kukurydzianego

3 jaja, ubite

2 szklanki maślanki

3 łyżki płynnego tłuszczu

2 łyżeczki sól

2½ szklanki przesianej mąki

3 łyżeczki proszku do pieczenia
1 łyżeczka sody
1 łyżka wody do rozpuszczenia sody
3 łyżki roztopionego masła
gorąca woda
cebula, pietruszka, nasiona selera (zobacz słowniczek)
sól, pieprz według uznania

Do dobrze ubitych jaj dolać mleko, rozpuszczony tłuszcz i wsypać sól. Przesiać razem proszek do pieczenia i mąkę, po czym stopniowo wsypać mieszankę do jajek. Dodać tyle mąki, aby powstało dość luźne ciasto. Wyrobić dokładnie mikserem.

Rozpuścić sodę w jednej łyżce wody i wlać do ciasta. Przełożyć ciasto do nasmarowanej płytkiej brytfanki. Piec w gorącym piekarniku (200—230°C) mniej więcej 20—25 minut lub do chwili, gdy ciasto się zarumieni. Zostawić chleb do ostudzenia, następnie połamać na małe kawałki, szczególnie dokładnie skórkę. Dolać roztopione masło i doprawić cebulą, nasionami selera, solą i pieprzem oraz innymi przyprawami według uznania. Zwilżyć dobrze gorącą wodą. Użyć jako nadzienie do pieczonego indyka lub kurczaka.

Ryby i owoce morza

SIERPIKI KAROLIŃSKIE zawsze były ozdobą bazarów rybnych okolic Nowego Orleanu. Są to ryby charakterystyczne dla wód Zatoki Meksykańskiej, ujścia Missisipi i wybrzeży Luizjany. Angielska, zwyczajowa nazwa sierpika karolińskiego brzmi pompano i pochodzi od hiszpańskiego wyrażenia *pompano*, oznaczającego zieloną roślinę. Nadali ją tym rybom — dla podkreślenia ich oryginalnej zielonkawej barwy — pierwsi łowiący na tych wodach rybacy hiszpańscy. Mało jest ryb, które mogą się równać smakiem z pompano, i żaden turysta nie powinien opuścić wybrzeża Zatoki Meksykańskiej bez spróbowania tej wspaniałej ryby. Sierpiki karolińskie pojawiają się wczesną wiosną i są dostępne w stanie świeżym tylko kilka tygodni, można je zatem uznać za rybę luksusową. Sierpika karolińskiego można podobno zastąpić granikiem — rybą należącą do rodziny strzępielowatych.

Sierpik karoliński (pompano)

Flądra

5 filetów z flądry
3 łyżki masła
1 szklanka mleka
tarta bułka (drobna)
1 jajo
1 szklanka sosu pomidorowego
sól i pieprz

Połączyć jajo, mleko, sól i pieprz i przez 15 minut moczyć w tej miksturze flądry. Zanurzyć każdy filet w tartej bułce. Rozgrzać masło na patelni, smażyć rybę z obu stron do zarumienienia. Wyłożyć na półmisek i polać sosem pomidorowym.

Aloza pieczona na desce

aloza (1,5 do 2 kg)

szklanka płynnego klarowanego masła

sól i pieprz

purée z ziemniaków

natka pietruszki

cytryna

Rybę oczyścić i pofiletować. Obsmażyć krótko (5—7 minut) na dużym ogniu, a następnie umieścić na nasmarowanej masłem desce, skórą w dół, natrzeć przyprawami, polać masłem i piec 15 minut w gorącym piekarniku (200—230°C). Wyjąć z piekarnika i otoczyć tłuczonymi ziemniakami. Włożyć ponownie do pieca i piec do czasu, aż ziemniaki się zarumienią. Przybrać natką pietruszki i plasterkami cytryny.

Pieczona makrela hiszpańska

1 makrela

sól i pieprz

pieprz cayenne

sok z cytryny

Makrelę umyć i przeciąć na 2 połowy. Nasmarować każdą połówkę pieprzem i solą i umieścić w brytfance. Wstawić do bardzo gorącego piekarnika (ok. 260°C) i piec do miękkości. Wyłożyć rybę na gorący półmisek, oprószyć pieprzem cayenne i podawać polaną sosem przyrządzonym z trzech łyżek rozpuszczonego masła wymieszanych z sokiem z jednej cytryny.

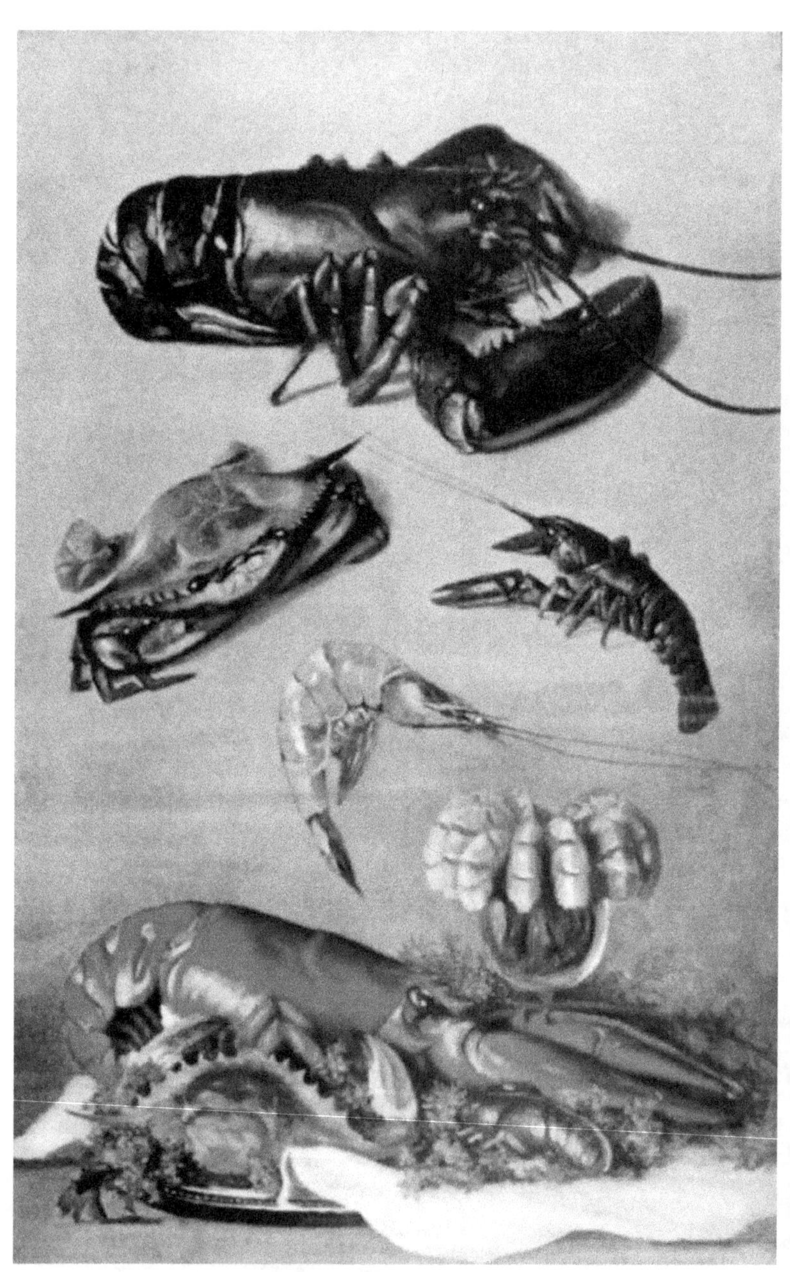

Homar, krab, rak, krewetka, krewetki (obrane i podgotowane), langusta.

Krabowe krokiety

2 szklanki mięsa kraba
1 łyżeczka soku cebulowego
sól i pieprz
siekana natka pietruszki
1 szklanka beszamelu
tarta bułka
1 rozbełtane jajo
olej do smażenia

Posiekać mięso kraba i dodać przyprawy. Wymieszać dobrze, wrzucić do beszamelu. Uformować krokiety, obtoczyć w tartej bułce, zanurzyć w rozbełtanym jaju, a potem znów w bułce. Smażyć w głębokim oleju, aż będą jasnobrązowe.

Krokiety z krewetek i ryżu

1 szklanka ryżu
2 jaja
1 łyżka masła
2 litry krewetek

Ugotować ryż, dodać masło, gdy jest jeszcze gorący. Rozbełtać jaja, wlać do ryżu, wrzucić zmielone krewetki. Przyprawić solą i pieprzem do smaku, uformować krokiety, obtoczyć w tartej bułce i jaju. Smażyć w głębokim oleju.

Homar a la Newburgh

2 szklanki gotowanego mięsa homara

2 łyżki masła

1 szklanka madery lub sherry

1 szklanka śmietany

2 żółtka

¼ łyżeczki soli

szczypta pieprzu cayenne

Masło rozpuścić na patelni, wrzucić pokrojone mięso homara. Przykryć i dusić na małym ogniu przez 5 minut, potem gotować jeszcze 3 minuty. Ubić żółtka i dodać do nich śmietanę, wymieszać dokładnie i wlać do mięsa. Potrząsać patelnią do chwili, aż sos zgęstnieje. Nie mieszać, bo mięso homara jest kruche i może się połamać. Danie szybko zastyga, więc należy je podawać natychmiast.

Ostrygi

Ostrygi w kuchni kreolskiej są równie powszechne jak inne owoce morza. W Polsce można je dostać w dużych marketach, pod warunkiem, że jest tam prężnie działający dział rybny. Przy kupnie

ostryg należy zwrócić uwagę na to, czy są ściśle zamknięte —
ostryga otwarta lub uchylona jest nieświeża, nie nadaje się do
spożycia ani na surowo, ani po upieczeniu. Otwieranie ostryg
wymaga trochę wyczucia i dużo cierpliwości.

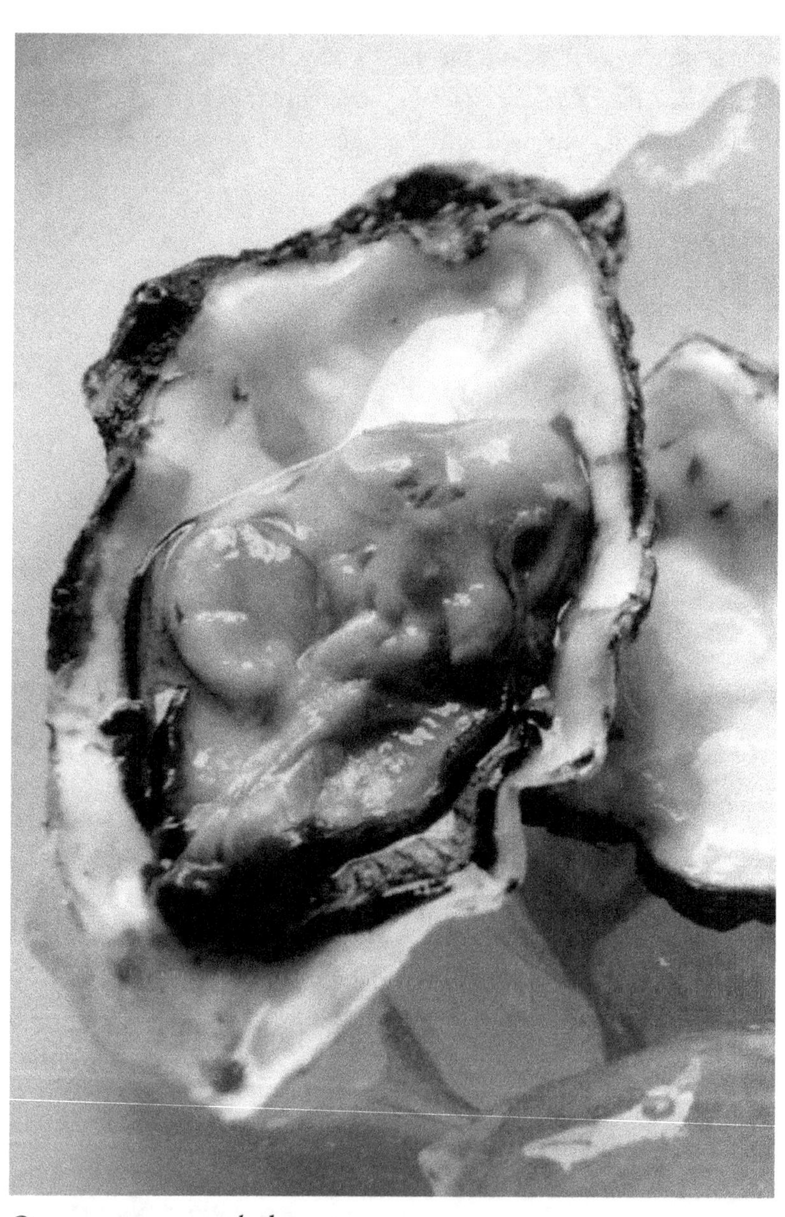

Otwarta ostryga na lodzie

Otwieranie ostryg

Muszle ostryg dokładnie myjemy w zimnej wodzie, najlepiej szczoteczką. Następnie ostrygę przeznaczoną do otwarcia owijamy ściereczką (można zamiast tego użyć rękawicy kuchennej, co dodatkowo zabezpiecza dłoń w razie osunięcia noża), trzymając ją płaską powierzchnią do góry. (Należy pamiętać, że w muszli znajduje się cenny płyn ostrygowy.) Następnie spiczastym, ale masywnym nożem staramy się dostać do wnętrza zamka muszli, czyli struktury łączącej jej dwie połówki w węższym końcu; położenie zamka zdradza lekkie wpuklenie. Właśnie w to miejsce należy włożyć czubek noża i delikatnymi, ale stanowczymi ruchami szukać miejsca, w którym nóż nagle przestaje się ślizgać i wbija trochę głębiej. Poszukiwania te polegają na wahadłowym poruszaniu nożem do chwili znalezienia więzadła, które stanowi „mechanizm" zamka. Przecięciu więzadła towarzyszy zwykle dość głośne pyknięcie, po którym czujemy, że górna połówka odchodzi od dolnej. Nie wyjmujemy noża, ale delikatnym ruchem przeciągamy nim na płask wzdłuż górnej muszli (wieczka), co pozwala nam odciąć przymocowany do niej gruby mięsień zwieracz. Po jego odcięciu możemy zdjąć górną część muszli i zajrzeć do wnętrza. Przede wszystkim przyglądamy się płynowi — jeśli jest przejrzysty, to wszystko w porządku. Jeśli jest mętny, mleczny i pachnie zgniłym jajem — ostryga jest do wyrzucenia. Świeże ostrygi pachną morzem.

Otwieranie ostrygi

Ostrygi po luizjańsku

1 tuzin ostryg
3 łyżki masła
2 łyżki posiekanej czerwonej papryki
2 łyżeczki posiekanej cebuli
3 łyżki mąki
kilka ziaren pieprzu cayenne
½ szklanki parmezanu
sól i pieprz do smaku

Podgotować ostrygi, wyjąć z garnka, zachować płyn z gotowania na później, dodając tyle wody, aby otrzymać 1½ szklanki. Roztopić masło, usmażyć na nim cebulę i czerwoną paprykę. Dodać mąkę, wymieszać dokładnie, a następnie stopniowo wlewać płyn z gotowania, stale mieszając. Zagotować i doprawić do smaku. Ułożyć ostrygi w naczyniu do zapiekania, polać sosem, wsypać starty ser i piec, aż cała potrawa będzie bardzo gorąca.

Zapiekany homar

4 szklanki mięsa homara
½ kg świeżych pieczarek
1 szklanka wina słodkiego lub półwytrawnego
½ litra gęstej śmietany
2 żółtka
1 łyżka mąki
2 łyżki masła
bułka tarta
ser parmezan
mielona łagodna papryka do smaku
sól

Podsmażyć pieczarki na niewielkiej ilości masła. Przykryć dokładnie i gotować. Doprawić winem i wlać śmietanę, w której wcześniej rozbełtano żółtka. Zagęścić mąką, posolić. Do gładkiego sosu wrzucić mięso homara. Przełożyć do wysmarowanych masłem kokilek. Położyć po kawałku masła na masę w każdej kokilce, oprószyć mieloną papryką i bułką tartą wymieszaną z parmezanem. Wstawić do piekarnika i piec, aż ser się zarumieni.

Smażone ostrygi

1 litr gotowanych ostryg np. z puszki
4 łyżki masła
1½ łyżki mąki
sok z jednej cytryny
sól i pieprz
sos Worcester

Wyjąć ostrygi z sosu, osączyć, sok zachować na później. Obtoczyć w mące i podsmażyć na brązowo w dwóch łyżkach masła. Zdjąć ostrygi z patelni, ale utrzymywać w cieple. Pozostały z ostryg sos przecedzić. Przygotować brązową zasmażkę z reszty masła i mąki, dodać sos z ostryg. Wlać sok cytrynowy i odrobinę sosu Worcester, polać tym ostrygi i podawać.

Sierpik a la Maitre d'Hotel

duży sierpik lub kilka mniejszych (łącznie ok. 1,5 kg)
1 łyżka oliwy
1 łyżka masła sok z jednej cytryny
1 cytryna pocięta w plasterki
natka pietruszki do dekoracji
sos a la Maitre d'Hotel (zobacz przepis)

Istnieje tylko jeden tradycyjny sposób przyrządzania sierpików, a mianowicie pieczenie ich na ruszcie i podawanie z sosem a la Maitre d'Hotel. Aby upiec dużego sierpika, należy przeciąć rybę w połowie grzbietu. Jeśli jest mały, piecze się go w całości. Następnie należy wymieszać sól i pieprz z niewielką ilością oliwy i natrzeć tą miksturą rybę. Ułożyć sierpika w brytfance z rusztem i piec do chwili, aż będzie zarumieniony po obu stronach. Kiedy ryba jest gotowa, wyjąć ją na ogrzany talerz. Posmarować rybę obficie masłem i polać sokiem cytrynowym. Udekorować pietruszką i pociętą cytryną i podawać z sosem a la Maitre d'Hotel.

Sierpik nadziewany krewetkami

2 szklanki gotowanych krewetek
2 jaja
1 szklanka gęstej śmietany
2 filety z sierpika
½ szklanki posiekanych pieczarek
¼ szklanki sherry
pieprz
sól
sproszkowana papryka

Krewetki oczyścić i zmielić w maszynce. Ubić jaja z połową śmietany. Wymieszać krewetki i pieczarki, doprawić i wlać do nich śmietanę z jajami. Mieszać do powstania gładkiej pasty. Sierpika podzielić wzdłuż grzbietu na dwie połowy. Ułożyć pastę na jednej połowie, przykryć drugą i umieścić w naczyniu do zapiekania. Polać resztą śmietany i piec 45 minut w średnio gorącym (ok. 190°C) piekarniku. Podawać rybę przybraną plasterkami świeżego ogórka marynowanego w sosie vinaigrette.

Rybne racuszki

2 szklanki rozdrobnionej gotowanej ryby
2 szklanki przetartych ziemniaków
1 łyżka masła
1 rozbełtane jajo
sól i pieprz

Do tego dania można użyć dowolnej ryby odpowiedniej do gotowania, jednakże najlepszy jest dorsz. Wymieszać wszystkie składniki, formując okrągłe, płaskie racuchy, po czym obtoczyć te w mące i smażyć na maśle z obu boków na złoto. Podawać z sosem pomidorowym.

Dania jarskie

KUCHNIA KREOLSKA TO nie tylko dania mięsne i owoce morza. To również bogaty wybór dań jarskich opartych na warzywach i zbożach, głównie kukurydzy i ryżu, a także dyni i innych roślin z rodziny dyniowatych. Warto bowiem pamiętać, że tradycyjna kuchnia kreolska to nie tylko suto zastawiony stół bogatych plantatorów, ale również skromny, żeby nie powiedzieć ubogi stół robotników pracujących na tych plantacjach.

Mamy tu więc sławne placki kopacza, oryginalnie przygotowywane w polu, na rozgrzanej w ogniu łopacie, mamy całą masę placków i racuchów na bazie mąki kukurydzianej, bogatą gamę dań z ryżu, ale również eleganckie dania jak „Jaja a la Baltimore Hotel". Są też bardzo popularne zapiekanki z ziemniaków, zarówno słodkich jak zwykłych. I znów cechą, która łączy te wszystkie potrawy, jest ich ekonomiczność — obecna zarówno w bogatej, jak i w tej skromnej odmianie kuchni kreolskiej.

Rzodkiew japońska, kalafior, marchew, rzodkiewki, szparagi, karczoch, ogórek, pomidory, pieczarki, dymka.

Nadziewane patisony

6 sporych patisonów
  1 łyżka masła
  1 łyżka gęstej śmietany
  sól, pieprz
  tarta bułka
  siekana natka

Umyć sześć patisonów. Zalać zimną wodą i podgotować na tyle, by można było łatwo wbić widelec. Wyjąć z wody i osuszyć. Usunąć łyżeczką pestki, wyrzucić pestki, zostawić tyle miąższu, ile potrzeba dla zachowania kształtu patisona. Z wybranego miąższu odcisnąć płyn i przetrzeć masę przez sito. Dodać jedną łyżkę masła, jedną łyżkę gęstej śmietany, sól i pieprz. Dusić na małym ogniu cztery minuty. Napełnić patisony nadzieniem i umieścić w brytfannie. Oprószyć tartą bułką i posiekaną natką pietruszki, polać rozpuszczonym masłem. Na dno brytfanki wlać pół szklanki ciepłej wody i piec w gorącym piekarniku (200°C), aż do zarumienienia patisonów od góry. Wyjmować szeroką łopatką i od razu podawać.

Okra z pomidorami

Wziąć takie same ilości młodej, pokrojonej w plasterki okry i obranych ze skóry pomidorów. Umieścić je razem na patelni, bez wody, dodać łyżkę masła i dokładnie posiekaną cebulę oraz odrobinę soli i pieprzu. Dusić godzinę na małym ogniu.

Karczochy

Obrać karczochy z twardych zewnętrznych liści. Gotować w osolonej wodzie przez 45 minut. Podawać z sosem holenderskim lub polane roztopionym masłem.

Nadziewane papryki

4 słodkie papryki
4 kolby kukurydzy
6 ziaren pieprzu
4 pomidory
1 mała cebula
1 łyżka masła
6 zielonych oliwek
sól i pieprz do smaku

Odciąć czubki papryk i oczyścić wnętrze. Wstawić do gorącej wody i gotować na małym ogniu pół godziny. Zarumienić cebulę na maśle, dodać pomidory i ziarna kukurydzy świeżo obrane z kolb. Smażyć razem mniej więcej 15 minut. Tuż przed zdjęciem z ognia dodać posiekane oliwki i sól. Nadziać papryki, posypać tartą bułką, na każdej położyć kawałek masła i piec w piekarniku, aż bułka będzie dobrze brązowa.

Słodki suflet z kasztanów

½ kg kasztanów jadalnych
¼ szklanki cukru
½ szklanki mleka
1 łyżka masła
3 jaja

Kasztany zagotować i obrać z łupinek. Następnie ugotować w osłodzonym mleku z masłem do miękkości. Przetrzeć kasztany przez sito i zostawić do ostudzenia. Oddzielić żółtka od białek. Ubić jedne i drugie oddzielnie. Do żółtek dodać purée z kasztanów i wanilię. Pianę z białek wrobić delikatnie do masy i wyłożyć wszystko do nasmarowanego masłem naczynia. Umieścić w średnio nagrzanym piekarniku (ok. 180°C) i piec, aż suflet się zarumieni.

Krokiety ze słodkich ziemniaków

6 słodkich ziemniaków
2 jaja
½ łyżki masła sól
gałka muszkatołowa
łyżeczka posiekanej natki pietruszki
tarta bułka

Słodkie ziemniaki obrać, ugotować w osolonej wodzie do miękkości, odcedzić i ugnieść. Ubić dwa jaja i dodać do ziemniaków, dodając pół łyżki masła, sól i odrobinę tartej gałki muszkatołowej oraz łyżeczkę siekanej zielonej pietruszki. Wymieszać i postawić w rondelku na małym ogniu. Mieszać nieustannie, a gdy masa zacznie odstawać od ścian rondla, wyłożyć ją na stolnicę i zostawić do ostudzenia. Ze schłodzonej masy wyrabiać wałeczki 6x4 cm, zanurzać w rozbełtanym jaju i tartej bułce i smażyć w głębokim tłuszczu.

Słodkie ziemniaki

Słodkie ziemniaki po kreolsku

6 sporych słodkich ziemniaków
½ łyżeczki soli
łyżka masła
jedno jajo
szklanka tartej bułki

Ziemniaki obrać i pokroić na połówki, ułożyć w głębokim naczyniu do pieczenia, dodając sól i masło. Ubić jajo i rozmieszać z tartą bułką — masą pokryć ułożone w formie ziemniaki. Wstawić do średnio gorącego piekarnika (ok. 200°C) i piec godzinę.

Smażona salsefia

Umyć i obrać salsefię i — aby uniknąć zmiany koloru — natychmiast umieścić ją na chwilę w zimnej wodzie z odrobiną octu. Pociąć w centymetrowe słupki i gotować do miękkości. Zamoczyć w rozbełtanym jaju, prószyć solą, obtoczyć w tartej bułce i usmażyć na maśle.

Bakłażan

Obrać bakłażana, pokroić w plasterki. Oprószyć solą, przykryć i zostawić na godzinę, aby odciekł gorzkawy sok. Zanurzyć każdy plasterek w rozbełtanym jaju, a następnie w tartej bułce. Usmażyć w głębokim tłuszczu.

Smażona okra

Wybrać małe, miękkie strączki. Gotować do miękkości, odcedzić, doprawić solą i pieprzem, zanurzyć w rozbełtanym jaju, a następnie w tartej bułce. Smażyć w głębokim tłuszczu.

Okra

Okra

Okrę umyć dobrze i odciąć końcówki z ogonkiem, ale tak, aby nie otworzyć komory nasiennej, bo wtedy cały gęsty sok, powstający w czasie gotowania warzywa, wydostanie się na zewnątrz. Zalać wrzątkiem i dusić na małym ogniu do miękkości. W połowie gotowania dodać trochę soli. Przed podaniem odcedzić, wyłożyć na gorący półmisek i polać roztopionym masłem lub jasną zasmażką. Można podać sok cytrynowy lub ocet jako przyprawę.

Kandyzowane marchewki

6 średniej wielkości marchewki
½ szklanki wody
1 szklanka brązowego cukru
2 łyżki masła
Zagotować marchewki, obrać i pociąć w słupki jak na frytki. Wymieszać pozostałe składniki w metalowym naczyniu do pieczenia i podgrzać na ogniu, aby powstał syrop. Zanurzyć marchewki w syropie i piec, aż ulegną scukrzeniu.

Smażone ciasteczka z kabaczka

Pociąć kabaczek w poprzek na cienkie plasterki, umieścić je na chwilę w osolonej wodzie, następnie osuszyć, oprószyć solą i pieprzem, zanurzyć w mące, potem w rozbełtanym jaju, a wreszcie w tartej bułce. Powtórzyć ten proces dwa razy, a następnie smażyć w głębokim tłuszczu. Kiedy są usmażone, wyjąć na papierowy ręcznik do osączenia.

Racuszki z kukurydzą

1 szklanka mąki

   1 łyżeczka proszku do pieczenia

   ½ łyżeczki

   sól

   1 jajo

   ¼ szklanki mleka

   ½ łyżki masła

   1 szklanka rozgniecionych ziaren kukurydzy

Wymieszać suche składniki, stopniowo dodawać mleko i dobrze ubite jajo. Zmiksować wszystko dokładnie, a następnie dodać roztopione masło i kukurydzę. Wrzucać łyżką do rozgrzanego, głębokiego tłuszczu i smażyć, aż zbrązowieją. Wyjąć na ręcznik papierowy i zostawić do osączenia z tłuszczu.

Ciasto na owocowe racuszki

1 szklanka mąki

   1 łyżeczka cukru

   ½ łyżeczki soli

   2 jaja, dobrze ubite

   ⅔ szklanki mleka

Wymieszać mąkę, cukier i sól. Wlewać mleko powoli, aby nie powstały grudki. Potem dodać jaja. Dokładnie wymieszać.

Racuszki z jabłek

(BRZOSKWIŃ, MORELI LUB GRUSZEK)

Pociąć owoce na kawałki, zanurzyć w cieście (patrz wyżej) i usmażyć na brązowo w głębokim, gorącym (190°C) tłuszczu. Wyjąć z tłuszczu i zostawić na papierowym ręczniku do ocieknięcia. Oprószyć cukrem pudrem i podawać z sosem cytrynowym lub innym sosem owocowym.

Racuszki pomarańczowe

Obrać pomarańcze i podzielić na cząstki. Usunąć pestki, zanurzyć w cieście i usmażyć. Podawać z sosem cytrynowym lub innym sosem owocowym.

Kukurydza w stadium mlecznym, kiedy wnętrze nasienia jest
płynne

Racuszki z kaszy kukurydzianej

1 szklanka kaszy kukurydzianej
1 szklanka mąki
2 łyżeczki proszku do pieczenia
½ łyżeczki soli
1 jajo
mleko

Wymieszać kaszę, mąkę, sól i proszek do pieczenia. Wbić jajo i dodać tyle mleka, aby powstało gęste ciasto. Kłaść porcjami (łyżką) do garnka z gorącym tłuszczem i smażyć na złoty kolor. Przed podaniem osuszyć z tłuszczu na ręczniku papierowym. Takie racuszki są dobrym dodatkiem do zup.

Kreolskie placki ryżowe

4 plasterki boczku, posiekane

3 łyżki posiekanej cebuli

3 łyżki zielonego pieprzu

1 łyżeczka soli

½ łyżeczki pieprzu

3 szklanki ugotowanego ryżu

1 szklanka mąki

1 łyżeczka proszku do pieczenia

1 puszka pomidorów

Usmażyć boczek na chrupko, zostawić tłuszcz na patelni. Boczek posiekać, dodać cebulę, pieprz i resztę składników. Wymieszać dokładnie. Placki usmażyć na tłuszczu, który został ze smażenia boczku.

Krokiety ryżowe

2½ szklanki gotowanego ryżu

1 szklanka startego sera amerykańskiego

½ szklanki masła lub margaryny

½ szklanki posiekanej słodkiej papryki pimento
1 łyżka posiekanej cebuli
szczypta i soli i tyle samo papryki w proszku
1 łyżeczka proszku do pieczenia
1 jajo, dobrze ubite
½ szklanki tartej bułki lekko podsmażonej na maśle

Wymieszać dobrze wszystkie składniki, zrobić z nich kuleczki i usmażyć w głębokim tłuszczu na brązowo.

Placki kukurydziane

2 szklanki mąki kukurydzianej
2 łyżeczki proszku do pieczenia
1 łyżeczka soli
1½ szklanki słodkiego mleka
½ szklanki wody
1 duża cebula, drobno posiekana

Przesiać suche składniki razem, dodać mleko i wodę. Domieszać posiekaną cebulę. Jeśli trzeba, dodać mąki lub mleka, tak aby powstało gęste, ale miękkie ciasto. Rękami uformować podłużne placki (mniej więcej 25x8x2 cm). Smażyć w głębokim tłuszczu, aż zbrązowieją.

Jaja nowoorleańskie

2½ szklanki pomidorów
1 mała cebula, posiekana

½ zielonej papryki, posiekanej
1 łyżeczka cukru
¾ szklanki tartej bułki
½ szklanki selera naciowego
4 jaja
½ szklanki startego sera amerykańskiego (ew. cheddaru)
sól, pieprz i liść laurowy

Pomidory, paprykę, cebulę i przyprawy gotować razem dziesięć minut, po czym wyjąć liść laurowy. Dodać tartą bułkę i umieścić w naczyniu do zapiekania. Rozbić jaja na wierzch, oprószyć solą i pieprzem, posypać serem. Piec w średnio gorącym piekarniku (ok. 180°C), aż jaja się zetną a ser rozpuści.

Świeże ziarna fasoli

1 litr świeżo wyłuskanych ziaren drobnej białej fasoli
1 łyżka masła
½ łyżeczki soli
2 łyżki mleka
2 łyżki śmietany

Fasolę umyć i przebrać. Zalać wrzątkiem, dodać sól i masło. Dusić na małym ogniu osiemnaście minut. Podnieść temperaturę i gotować do odparowania wody. Dodać śmietanę i mleko, zagotować. Danie podawać gorące.

Zielony groszek ze śmietaną

Ugotować do miękkości dwie szklanki wyłuskanego zielonego groszku. Dodać płaską łyżeczkę soli, odcedzić wodę i dodać pół szklanki świeżej śmietany. Zagotować na małym ogniu i podawać w salaterce.

Jaja a la Ponce de Leon

6 ugotowanych na twardo jaj

>*2 szklanki soku pomidorowego*
>*½ szklanki posiekanego selera naciowego*
>*¼ szklanki posiekanej zielonej papryki*
>*½ szklanki pieczarek*
>*1 łyżka mąki*
>*1 łyżka masła*
>*½ cebuli, posiekanej*
>*½ łyżeczki sosu Worcester*
>*½ szklanki beszamelu*
>*sól i pieprz do smaku*

Posiekać białka i rozgnieść żółtka. Zarumienić cebulę na maśle, dodać mąkę, wymieszać dokładnie. Wlać sok pomidorowy, dodać paprykę i gotować powoli. Dodać pieczarki, przyprawy i sos Worcester. Na koniec wlać beszamel, żółtka i posiekane białka. Umieścić w natłuszczonym naczyniu do zapiekania. Oprószyć tartą bułką, położyć kilka kawałków masła na wierzchu i zapiec w piekarniku. Danie podawać na ciepło.

Jaja a la Baltimore hotel

3 ugotowane na twardo jaja
  1 szklanka beszamelu
  6 plasterków upieczonych tostów
  pietruszka do przybrania

Oddzielić żółtka i białka jaj, posiekać białka dokładnie i dodać do beszamelu. Wylać na 4 kawałki tostów. Przetrzeć żółtka przez sito i posypać nimi tosty. Tosty ułożyć na półmisku, pozostałe dwa kawałki pieczywa przeciąć na pół i umieścić po bokach półmiska. Przybrać natką pietruszki.

Omlet kreolski

1 łyżka masła
  4 jaja
  4 łyżki wody

Ubić jaja w z czterema łyżkami wody. Masło podsmażyć, a następnie wlać do niego jaja. Kiedy dół omletu lekko się zarumieni, przewrócić omlet łopatką i smażyć na brązowo z drugiej strony. Gdy omlet jest gotowy (brązowy od dołu i kremowy po wierzchu), złożyć go ma pół i zsunąć na gorący talerz, a następnie polać wybranym sosem.

Hominy — kukurydza pozbawiona żółtej otoczki

Kreolska polenta

1 szklanka kaszy hominy (zobacz słownik)
4 szklanki wrzątku
1 łyżeczka sól
1 łyżka masła

Wrzucić kaszę do wrzątku i mieszać do zagotowania. Zmniejszyć ogień i dusić przez godzinę, często mieszając. Kiedy kasza jest gotowa do podania, dodać masło i przez kilka minut ubijać mikserem.

Zapiekanka kukurydziana

2 szklanki puszkowanej kukurydzy
3 jaja
2 łyżki roztopionego masła
2 szklanki mleka
½ łyżeczki cukru
sól i pieprz do smaku
tarta bułka

Jaja ubić dobrze, wlać do kukurydzy. Dodać mleko i rozpuszczone masło. Wymieszać dokładnie. Dodać przyprawy i cukier. Przełożyć do naczynia do zapiekania, obficie natłuszczonego i obsypanego bułką tartą. Po wierzchu oprószyć tartą bułką, położyć kilka małych kawałków masła i piec w niskiej temperaturze (120°C) mniej więcej 40 minut lub do ścięcia masy.

Pudding kukurydziany

3 łyżki mąki kukurydzianej
1 łyżka soli
½ łyżeczki sproszkowanej papryki
½ szklanki zimnego mleka
2 szklanki gorącego mleka
1 łyżka masła
2 szklanki świeżej pulpy kukurydzianej
2 jaja

Wymieszać mąkę kukurydzianą z solą, sproszkowaną papryką i zimnym mlekiem. Dolać gorące mleko. Postawić na ogniu i mieszać do zgęstnienia. Odstawić na bok i dodać pozostałe składniki.

Przełożyć do natłuszczonego okrągłego naczynia do zapiekania.
Wstawić do płaskiego, dużego naczynia z wodą (patelnia), podlać
wrzątkiem i gotować powoli aż do stężenia. Podawać na ciepło jako
dodatek do dań mięsnych. Można dodać łyżkę posiekanej zielonej
lub czerwonej papryki.

Placki kopacza

Mąkę kukurydzianą wymieszaną z odrobiną soli zalać wrzącą wodą
lub mlekiem. Dokładnie rozmieszać i odstawić na godzinę. Dwie
lub trzy łyżeczki ciasta wyłożyć na gorącą, natłuszczoną patelnię.
Wygładzić tak, aby placek miał grubość ok. 1 cm. Usmażyć, a kiedy
z jednej strony jest gotowy, przewrócić i znów smażyć na brązowo.
Podawać bardzo gorące. Placki kopacza to kaloryczny dodatek na
przykład do kiełbasy.

Ptysie w kokilkach

3 jaja

> *1½ szklanki mleka*
> *1½ szklanki mąki*
> *½ łyżeczki soli*

Przesiać mąkę i sól do miski. Ubić jaja, dodać do nich mleko.
Stopniowo wlewać do mąki, ciągle mieszając, aż do otrzymania
zupełnie gładkiego ciasta. Dokładnie ubić mikserem. Głębokie
kokilki lub formy do pieczenia babeczek nasmarować tłuszczem i
podgrzać. Przygotowane ciasto wlewać do ⅔ głębokości naczynek

— w piekarniku bardzo zwiększa swoją objętość. Piec w gorącym piekarniku (ok. 230°C) przez pół godziny, a następnie zmniejszyć temperaturę do 150°C i piec jeszcze piętnaście minut, aż ptysie będą jasnobrązowe. Podawać gorące.

Suflet kukurydziany

2 szklanki mąki kukurydzianej
1½ szklanki słodkiego mleka
2 szklanki wrzątku
1 łyżeczka soli
3 duże łyżki masła (roztopić)
3 jaja

Przesiać mąkę trzy razy, po czym dodać do wrzątku. Wymieszać dokładnie, aż znikną wszystkie grudki. Dodać roztopione masło i sól. Rozrzedzić mlekiem. Oddzielić żółtka od białek. Ubić ciasto, dodać najpierw żółtka, a potem białka. Wlać do naczynia do zapiekania, natłuszczonego i posypanego bułką tartą, i piec w temperaturze ok. 180°C (mniej więcej 30 minut). Suflet podawać w naczyniu, w którym był pieczony.

Placuszki na kwaśnym mleku

(ZE STANU GEORGIA)
2 szklanki mąki
1½ łyżeczki sody oczyszczonej
½ łyżeczki soli

1 łyżka cukru

2 jaja

2 szklanki kwaśnego mleko

1½ łyżki roztopionego masła

Przesiać mąkę i odmierzyć dwie pełne szklanki. Przesiać znowu. Dodać sodę, sól i cukier, wymieszać dobrze, przesiać ponownie. Rozbełtać jaja, dodać mleko i stopniowo wlewać do mącznej mieszanki. Ubić do uzyskania gładkiego ciasta, a następnie dodać masło. Wlać ciasto do dzbanka. Podgrzać tłuszcz na patelni. Wylewać taką ilość ciasta, aby powstawały placki o średnicy ok. 10 cm. Smażyć na brązowo, a następnie przewróć na drugą stronę. Gotowe placki są porowate i chrupkie na krawędziach.

Flanelowe pankejki

2 jaja

1½ szklanki mleka

2 szklanki mąki

½ łyżeczki soli

2 łyżeczki cukru

2 łyżki roztopionego masła

3 łyżeczki proszku do pieczenia

Przesiać razem proszek do pieczenia, sól, cukier i mąkę. Ubić dokładnie żółtka i dodać do mleka. Wlać do mąki, dodać rozpuszczone masło, a na koniec pianę z białek. Kłaść łyżką na gorącej, natłuszczonej patelni i smażyć po obu stronach na brązowo. Podawać gorące z syropem. Flanelowe pankejki pasują też do kiełbasek.

Flanelowe pankejki

Placki na blasze

2 szklanki mąki
2 jaja
2 łyżeczki proszku do pieczenia
½ łyżeczki soli
2 łyżki roztopionego masła
1 czubata łyżka cukru
1½ szklanki mleka

Przesiać razem mąkę, sól, cukier i proszek do pieczenia. Dodać mleko i żółtka, ubić dobrze, a następnie wlać roztopione masło. Na koniec dodać białka ubite na sztywną pianę. Smażyć na gorącej blasze (płaskiej patelni) z niewielką ilością tłuszczu.

Krokiety ryżowe

2½ szklanki gotowanego ryżu

1 szklanka startego sera amerykańskiego

½ szklanki masła lub margaryny

½ szklanki posiekanej słodkiej papryki pimento

1 łyżka posiekanej cebuli

⅛ łyżeczki soli i tyle samo sproszkowanej papryki

1 łyżeczka proszku do pieczenia

1 jajo, dobrze ubite

½ szklanki tartej bułki, lekko podsmażonej na maśle

Wymieszać dobrze wszystkie składniki, zrobić z nich kuleczki i usmażyć w głębokim tłuszczu na brązowo.

Kreolskie placuszki ryżowe

4 plasterki boczku, posiekane

3 łyżki posiekanej cebuli

3 łyżki posiekanej zielonej papryki

1 łyżeczka soli

½ łyżeczki pieprzu

3 szklanki ugotowanego ryżu

1 szklanka mąki
1 łyżeczka proszku do pieczenia
1 puszka pomidorów

Usmażyć boczek na chrupko, zostawić tłuszcz na patelni. Boczek posiekać, dodać cebulę, pieprz i resztę składników. Wymieszać dokładnie. Formować placuszki i smażyć na tłuszczu, który został ze smażenia boczku.

Pieczona kaszka hominy

1 szklanka ugotowanej kaszki hominy
½ szklanki mleka
1 jajo
1 łyżka masła
½ łyżeczki soli
szczypta pieprzu

Podgrzać razem mleko i masło, dodać kaszkę hominy i wymieszać dokładnie. Następnie dodać ubite jajo, przyprawy i wlać do natłuszczonego naczynia do zapiekania. Piec powoli w średnio gorącym piekarniku (ok. 180°C), aż zapiekanka się zetnie i będzie rumiana.

Ryż z pomidorami

25 dag boczku
1 mała cebula
1 szklanka pomidorów

2 szklanki gotowanego ryżu

Pociąć boczek na małe kawałki i usmażyć. Zdjąć z patelni i na tym samym tłuszczu podsmażyć startą cebulę. Dodać pomidory i gotowany ryż. Połączyć dokładnie wszystkie składniki i podawać.

Dziki ryż z pieczarkami

1 szklanka dzikiego ryżu
3 szklanki wrzątku
½ kg świeżych pieczarek
2 łyżki masła
2 łyżki mąki
1 szklanka mleka
sól do smaku

Zalać ryż wrzątkiem i gotować piętnaście minut lub do chwili wchłonięcia wody, a następnie przykryć i trzymać na najmniejszym ogniu (najlepiej na specjalnej podkładce), aż ziarna staną się sypkie i puszyste. Pieczarki obrać, obsmażyć na maśle na brązowo. Wyjąć pieczarki na talerz, a do masła na patelni dodać mąkę, dokładnie mieszając na gładką pastę. Następnie wlać mleko i gotować aż sos stężeje. Wrzucić pieczarki i podgrzać. Wylać grzyby z sosem na ryż i podawać.

Ryż z curry

2 szklanki gotowanego ryżu
1 zielona papryka, pokrojona w kostkę

1 posiekana cebula

2 szklanki pomidorów

3 szklanki wody

4 łyżki masła

1½ łyżeczki proszku curry

Wymieszać wszystkie składniki. Wstawić do dobrze wysmarowanego tłuszczem naczynia do zapiekania i piec w ciepłym piecu, aż cebule i papryka będą miękkie.

Ryż z ananasem

1 duża puszka ananasa w plasterkach

4 szklanki gotowanego ryżu

1 szklanka cukru brązowego

Wyłożyć dno naczynia do zapiekania warstwę ryżu o grubości ok. 1 cm. Na ryżu położyć kilka kawałków masła i ananas. Oprószyć odrobiną brązowego cukru. Powtarzać tę procedurę do całkowitego zużycia ryżu, ale tak, by zakończyć ananasem. Wylać sok z puszki na całość i piec w umiarkowanie gorącym piekarniku (ok. 180°C) około 30 minut.

Pieczywo

PIECZYWO I INNE PRODUKTY zbożowe mają wielkie znaczenie w kuchni kreolskiej. Być może dlatego, że tak powszechnie używa się w niej mąki i kaszy kukurydzianej. Tradycyjnie pieczywo dzieli się też na tanie codzienne i bardziej wykwintne od święta. Produkty zbożowe są w tej tradycyjnej, oszczędnej kuchni tym, czym w kuchni polskiej są ziemniaki: dodatkiem, o którym nie należy zapominać.

Pieczywo tradycyjne: chała, chleb żytni, chleb pszenny

Chleb na skwarkach

1 szklanka skwarków

   1½ szklanki mąki kukurydzianej

   ¾ szklanki mąki pszennej

   ½ łyżeczki sody oczyszczonej

   ¼ łyżeczki soli

   1 szklanka kwaśnego mleka

Wymieszać i przesiać suche składniki. Dodać mleko, wmieszać skwarki. Uformować podłużne chlebki i umieścić w płaskiej brytfance. Piec 30 minut w gorącym piekarniku (200°C).

Kukurydziane babeczki

1 szklanka rozgniecionych ziaren kukurydzy z puszki
½ szklanki mleka
2 łyżeczki cukru
2 jaja, dobrze ubite
¾ szklanki mąki
1 łyżka proszku do pieczenia
szczypta soli

Dodać mleko, cukier i wlać do rozgniecionych ziaren kukurydzy. Wymieszać i przesiać razem mąkę, proszek do pieczenia i sól. Połączyć obie mieszanki dokładnie i nakładać łyżką do natłuszczonych form w kształcie babeczek. Piec w temperaturze ok. 180°C.

Bułeczki podwieczorkowe

2 szklanki mąki tortowej
2 łyżki cukru
1 łyżeczka soli
4 łyżeczki proszku do pieczenia
3 łyżki masła
1 ubite jajo

½ szklanki mleka

cukier do posypania

Przesiać razem suche składniki dwa razy, dodać masło i dokładnie wymieszać mikserem. Wlać pół szklanki mleka do ubitego jaja i stopniowo mieszać z ciastem, ewentualnie rozcieńczając mlekiem. Wyłożyć ciasto na stolnicę, ugniatać i wyrabiać, po czym rozwałkować cienko, pokroić w krążki, przełożyć do natłuszczonych foremek, posmarować roztopionym tłuszczem, posypać cukrem i piec w gorącym piekarniku (200°C) mniej więcej kwadrans. Podawać do herbaty lub kakao.

Chlebek kukurydziany

1 szklanka mąki z hominy

¼ szklanki mąki pszennej

1 łyżeczka proszku do pieczenia

½ łyżeczki soli

1 ubite jajo

½ szklanki mleka

1 łyżka roztopionego masła

Przesiać razem suche składniki; połączyć mleko z jajem i dodać do mąki. Wlać roztopione masło, wyrobić i przełożyć do dobrze nasmarowanej brytfanki. Piec w gorącym piekarniku (230°C) mniej więcej 25 minut.

Bułeczki serowe

½ szklanki mąki
10 dag startego żółtego sera
10 dag masła
sól do smaku
3 łyżki lodowatej wody

Wymieszać składniki możliwie najszybciej, rozwałkować na stolnicy, wyciąć bułeczki i piec 10 minut w bardzo gorącym piekarniku (260°C).

Babeczki z mąki kukurydzianej

1 szklanka mąki kukurydzianej
2 szklanki mąki pszennej
4 łyżeczki proszku do pieczenia
½ łyżeczki soli
½ szklanki cukru
1 szklanka mleka
2 jaja, ubite
2 łyżki roztopionego masła

Przesiać wszystkie suche składniki do miski, dodać mleko, wymieszać dokładnie. Wmieszać ubite jaja, wlać roztopione masło. Miksować energicznie 2 minuty. Przełożyć do dobrze natłuszczonych foremek w kształcie babeczek i piec mniej więcej 20 minut w gorącym piekarniku (200°C).

Luizjańskie wafle

2 szklanki mąki

4 łyżeczki proszku do pieczenia

½ łyżeczki soli

5 łyżek roztopionego masła

1½ szklanki mleka

3 jaja

Do ubitych żółtek dodać mleko i wszystkie pozostałe składniki
— z wyjątkiem ubitych na sztywną pianę białek, które należy
dodać na samym końcu. Wylać czubatą łyżkę ciasta na gorącą formę
do wafli i piec na złoty kolor.

Wafle luizjańskie

Wafle wirginijskie

1½ szklanki wrzątku
½ szklanki białej kaszki kukurydzianej
1½ szklanki mleka
3 szklanki mąki
3 łyżki cukru
3 łyżeczki proszku do pieczenia
½ łyżeczki soli
2 jaja
3 łyżki roztopionego masła

Gotować kaszkę przez 30 minut. Dodać mleko, suche składniki, dobrze ubite żółtka jaj, masło i sztywną pianę z białka. Nasmarować formy waflowe, podgrzać i nałożyć na każdą formę łyżkę mieszanki waflowej. Piec do zarumienienia.

Gniecione bułeczki

3 szklanki przesianej mąki
½ szklanki mleka
⅓ szklanki smalcu
½ łyżeczki soli
¾ łyżeczki cukru
1 płaska łyżeczka proszku do pieczenia

Przesiać cukier, sól i proszek do mąki, dodać smalec i przygotować bardzo sztywne ciasto, dodając więcej lub mniej mleka. Wyłożyć ciasto na stolnicę, bić i ugniatać, aż pojawią się pęcherzyki powietrza, a ciasto będzie gładkie. Rozwałkować na grubość jednego centymetra, wyciąć foremką do babeczek, nakłuć widelcem i piec pół godziny w średnio gorącym piekarniku (ok. 180°C).

Bułeczki na proszku

2 szklanki mąki
4 łyżeczki proszku do pieczenia
¼ łyżeczki soli
2 łyżki stałego tłuszczu
½ szklanki mleka

Przesiać suche składniki razem. Dodać tłuszcz, posiekać. Powoli dolewać mleko, mieszając ciasto do chwili, aż będzie gładkie. Na posypanej mąką stolnicy rozwałkować ciasto do grubości 1 cm. Wyciąć foremką do ciastek i piec 15 minut w gorącym piekarniku (230°C).

Bułeczki na dzień dobry

1 łyżka masła
1 jajo, dobrze ubite
1 łyżka cukru
1 łyżeczka smalcu
½ litra mleka
1 czubata łyżeczka soli
½ kostki drożdży

¼ szklanki ciepłej wody

6 szklanek mąki

Umieścić mleko, masło, sól, smalec i cukier w garnku z podwójnym dnem i podgrzać. Zostawić do ochłodzenia; drożdże rozpuścić w wodzie, wlać do mieszanki. Kiedy mieszanka ostygnie, dodać 2½ szklanki mąki. Wymieszać aż powstanie sztywne ciasto. Dodać dobrze ubite jajo i odstawić w ciepłe miejsce do wyrośnięcia. Po mniej więcej pięciu godzinach ugnieść ciasto jak na bułeczki, dodając ewentualnie mąki. Kiedy ciasto łatwo odchodzi od ręki, rozwałkować je na grubość 1 centymetra. Wyciąć foremką, każdy krążek posmarować masłem i nakryć innym krążkiem. Takie podwójne krążki ułożyć na blasze w sporej odległości, aby się nie pozlepiały, gdy urosną w czasie pieczenia. Piec mniej więcej kwadrans w gorącym piekarniku (200°C).

Kukurydziane paluszki

2 szklanki mąki kukurydzianej

1 szklanka mleka

1 jajo

1 łyżka smalcu

2 łyżeczki proszku do pieczenia

½ łyżeczki soli

Połączyć wszystkie składniki, wyrobić i umieścić w nasmarowanych tłuszczem brytfankach w kształcie paluszków (do pieczenia podłużnych biszkoptów). Piec w bardzo gorącym piekarniku (260°C) przez 10—12 minut.

Pieczywo tradycyjne: bułka kukurydziana, maślana, chleb kukurydziany, bagietka

Bułeczki z rodzynkami

2½ szklanki mąki
2 jaja
⅓ szklanki masła
¾ szklanki mleka
4 łyżeczki proszku do pieczenia
½ łyżeczki soli
1 łyżka cukru
1½ szklanki rodzynek

Przesiać mąkę, cukier, proszek do pieczenia i sól. Ubić jaja i dodać do mleka. Wymieszać tłuszcz z mąką, dodać mleko z jajami. Wrzucić rodzynki. Wyłożyć na stolnicę posypaną mąką i ugniatać, aż ciasto będzie gładkie, w razie potrzeby dodając trochę mąki. Wyciąć foremką i 15 minut piec w gorącym piekarniku (230°C). Podawać gorące.

Babeczki na maślance

1 litr maślanki
2 jaja
1 łyżka cukru
4 szklanki przesianej mąki
2 łyżki mąki kukurydzianej
1 łyżeczka soli
1 łyżeczka sody

Utrzeć jaja z cukrem, dodać maślankę, a na koniec trzykrotnie przesianą mieszankę mąki pszennej, mąki kukurydzianej, soli i sody. Ucierać dokładnie, a potem przełożyć do foremek i piec 20 minut w gorącym piekarniku (200°C).

Chrupiący chlebek kukurydziany

1 jajo
½ szklanki schłodzonej ugotowanej kaszki hominy
1 łyżeczka soli
½ litra mąki kukurydzianej
1 łyżka smalcu

Wymieszać ostudzoną kaszkę, ubite jajo, mąkę kukurydzianą i sól z taką ilością wrzątku, by powstało ciasto konsystencji mleka. W głębokiej brytfance rozgrzać smalec, aż zacznie dymić. Wlać do gorącego smalcu zimne ciasto: wrzący smalec wytworzy wówczas chrupiącą skórkę od strony brytfanki. Piec ok. 40 minut w średnio gorącym piekarniku (ok. 180°C).

Desery

DESERY KUCHNI KREOLSKIEJ oparte są w dużej mierze na roślinach owocowych, bujnie owocujących w ciepłych obszarach Luizjany. Dla polskiej kuchni duża część tych roślin to czysta egzotyka. Niewiele osób zna przecież dobrze tropikalne rośliny jadalne, takie jak gujawa, kumkwat czy papaja. Są one coraz częściej widywane w polskich sklepach – może oprócz gujawy, którą ja osobiście hodowałem kiedyś na parapecie: to cudownie słodki i smaczny owoc, niestety nie nadający się do transportu na duże odległości. Hodowla parapetowa nie jest trudna, jednak wymaga dużo słońca i sporo podlewania. Ostatnio jednak nie widuję sadzonek gujawy, co mnie dziwi, bo w ocieplającym się klimacie można by ją swobodnie hodować na werandzie czy w szklarni.

Deser z papai

Umieścić kulki papai w kieliszkach koktajlowych. Zalać sokiem zrobionym z limonki odrobiny cukru i soli. Przybrać listkami mięty.

Marmolada pomarańczowa

6 dużych pomarańczy
3 litry zimnej wody
2 łyżki soku cytrynowego
4 szklanki cukru

Pociąć pomarańcze na połówki, wybrać łyżeczką sok i miazgę. Skórki pomarańczy zalać zimną wodą w ilości wystarczającej do ich przykrycia, po czym gotować do miękkości. Osuszyć, ochłodzić, wyjąć cały biały miąższ. Pociąć żółte części skórek w paski, dodać sok, miąższ, cukier i wodę. Gotować na małym ogniu ok. 2 godzin lub do stężenia. Przełożyć do weków.

Galaretka z gujawy

(Do przygotowania galaretki potrzebne są kwaśne gujawy.) Umyć owoce dobrze, usunąć pozostałość kwiatu i pociąć w plasterki. Na każde kilo owoców wziąć 2 litry wody i gotować do zmięknięcia. Odstawić do schłodzenia. Wylać do sita o małych otworach i wycisnąć sok. Przecedzić jeszcze raz — przez ściereczkę. Sprawdzić zawartość pektyny: wlać łyżeczkę soku do czystej szklanki. Dodać łyżeczkę spirytusu (95%) i wymieszawszy delikatnie, wylać na łyżkę. Jeśli pektyna wytraca się w postaci brylastej warstwy, dodać jedną miarkę cukru na każdą miarkę owoców. Jeśli pektyna nie wytrąca się w postaci wyraźnej warstwy, należy użyć mniejszej ilości cukru. Zagotować sok z taką ilością cukru, jaka wynika z przeprowadzonego testu pektynowego. Gotować całość do stadium galaretki.

Glazurowane pieczone jabłka

8 niewielkich jabłek
1 szklanka cukru
½ litra gęstej śmietany
1 szklanka wrzątku

Umyć i wydrylować jabłka. Ściąć skórkę z góry każdego jabłka, umieścić jedno obok drugiego w rondlu. Podlać wodą i gotować na małym ogniu, co jakiś czas sprawdzając wykałaczką. Kiedy jabłka zaczynają mięknąć, przełożyć je do naczynia do pieczenia, oprószyć cukrem i wstawić do gorącego piekarnika (ok. 220°C). Piec jabłka tak długo, aż miąższ stanie się kruchy i brązowawy. W czasie pieczenia polewać sosem, w którym wcześniej się gotowały. Podawać na zimno, z gęstą śmietaną.

Sos rabarbarowy

Umyć rabarbar i pociąć w kawałki o długości dwóch centymetrów. Zasypać cukrem, biorąc dwie szklanki cukru na jeden litr rabarbaru. Odstawić na godzinę. Należy użyć tyle wody, by cukier był zaledwie zwilżony. Gotować rabarbar do miękkości. Podawać na zimno, z bitą śmietaną.

Sos do racuchów

¾ *szklanki wody*
   ½ *szklanki sherry lub brandy (albo obu)*
   cukier do smaku
   ½ *łyżeczki zmielonej gałki muszkatołowej*
   Wymieszać składniki i zagotować; sos należy serwować na gorąco.

Sorbet miętowy

Sorbet miętowy

5 gałązek świeżej mięty
½ szklanki soku cytrynowego
½ szklanki cukru pudru
4 szklanki wody
¼ łyżeczki ekstraktu mięty pieprzowej
zielony barwnik spożywczy

Miętę umyć i obrać listki. Namoczyć w soku cytrynowym przez pół godziny, odcedzić. Rozpuścić pół szklanki cukru w 4 szklankach wody i dodać do odcedzonego soku cytrynowo-miętowego. Przed zamrożeniem dodać zielony barwnik spożywczy i ekstrakt miętowy. Zamrozić. Można podawać jako dodatek do pieczonej jagnięciny.

Krem do puddingu

½ szklanki masła
1 szklanka cukru pudru
1 łyżeczka zapachu waniliowego lub brandy

Utrzeć masło na krem z cukrem i zapachem. Sos podawać na zimno do gorących puddingów lub klusek z jabłkami.

Puszysty krem do ciast owocowych

1 szklanka masła
2 szklanki cukru pudru
1/3 szklanki sherry

2 białka

¼ szklanki wrzącej wody

Ubić masło i powoli wkręcić w nie cukier. Stopniowo dodawać ubite białka, a następnie wino. Wszystko dokładnie wymieszać. Kiedy masa jest gładka, dodawać po trochu wrzątek, po czym znów ubijać. Umieścić w garnku z podwójnym dnem i miksować na parze do chwili otrzymania puszystego kremu.

Galaretka grejpfrutowa

2½ łyżki żelatyny

½ szklanki zimnej wody

1½ szklanki cukru

1½ szklanki soku grejpfrutowego

½ szklanka soku pomarańczowego

¼ szklanki soku cytrynowego

1 szklanka gorącej wody

Namoczyć żelatynę w ½ szklanki zimnej wody. Zagotować cukier z gorącą wodą i wylać na namoczoną żelatynę. Mieszać do rozpuszczenia. Zostawić do ostudzenia, a potem dodać sok z grejpfruta, sok pomarańczowy i sok cytrynowy, szczyptę soli. Wylać do płaskiego naczynia i zostawić na kilka godzin do stężenia.

Duszone suszone śliwki

½ kg suszonych śliwek

½ szklanki cukru

2 plasterki cytryny

Umieścić umyte śliwki i cytrynę w garnku z podwójnym dnem i oprószyć cukrem. Podlać owoce odrobiną wody. Dusić na małym ogniu do miękkości. Podawać ze śmietaną.

Pieczona papaja 1

4 szklanki rozgniecionej dojrzałej papai
1 szklanka wiórków kokosowych
1 pomarańcza (miąższ, sok i otarta skórka)
1 szklanka cukru
4 jaja
4 szklanki mleka

Przygotować krem z jaj, mleka, cukru i pomarańczy. Umieścić papaję i wiórki kokosa in brytfance, polać kremem i piec w średnio nagrzanym piekarniku.

Pieczona papaja 2

Pokroić dojrzałe, ale jeszcze twardawe papaje wzdłuż, na połówki. Dodać odrobinę cukru i sok z pomarańczy, limonki lub cytryny. Sok można, ewentualnie, zastąpić odrobiną cynamonu. Piec 20 minut i podawać natychmiast po wyjęciu z piekarnika.

Pianka żelatynowa

1 szklanka galaretki

2 białka

szczypta soli

Przygotować galaretkę smakową, ale z mniejszą ilością wody niż w przepisie. Ubić 2 białka na sztywną pianę, następnie wlać galaretkę (może być gorąca), dodać szczyptę soli i ubić dokładnie. Stosować jako dietetyczny zamiennik bitej śmietany.

Domowy twaróg ze śmietaną

Podgrzać kwaśne mleko tak, aby się ścięło. (Można też do kwaśnego wlać trochę gorącego świeżego mleka.) Odstawić do całkowitego schłodzenia, po czym wylać ścięte mleko do sita wyłożonego kilkoma warstwami gęstej gazy. Zostawić na noc do odcieknięcia. Przełożyć ser do płaskiej salaterki, posypać startą drobno gałką muszkatołową. Podawać z gęstą śmietaną, gałką muszkatołową i cukrem lub miodem.

Gorące ciasteczka

3 jaja

4 szklanki mąki

2 łyżki cukru

1 paczka drożdży

1 szklanka mleka

½ łyżeczki soli

2 łyżki masła

Umieścić cukier, jaja, mleko, sól i masło w garnku z podwójnym dnem i zagotować. Ochłodzić i dodać drożdże rozpuszczone w ¼ szklanki ciepłej wody. Kiedy całość ostygnie, wsypać mąkę, przełożyć do miski i przykryć ściereczką. Zostawić do wyrośnięcia. Kiedy ciasto zwiększy swą objętość dwukrotnie, ugnieść je i znów zostawić do rośnięcia. Kiedy stanie się puszyste, rozwałkować na desce posypanej mąką. Wyciąć foremką ciasteczka, ułożyć na blasze do pieczenia nasmarowanej tłuszczem i piec 15 minut w gorącym piekarniku (ok. 200°C). Podawać gorące.

Napoje i drinki

SZTANDAROWYM DRINKIEM kuchni kreolskiej jest chyba *mint julep*. Niewielu ludzi zgadza się co do tego, jak powinno się go przyrządzać. Początek kontrowersji przypada na czasy kapitana Marryata z przełomu XVIII i XIX wieku. Marryat utrzymywał, że tylko on wie, jak naprawdę powinien smakować ten trunek. Według jego instrukcji nie musimy rozdrabniać gałązek młodej mięty, możemy używać niewielkiej ilości cukru i równych porcji brandy morelowej i zwykłej. Poza tym według Murryata szklanki wypełniamy lodem zeskrobanym z powierzchni lodowego bloku.

Sto lat temu pewien pisarz ze stanu Georgia pokusił się o podsumowanie kwestii różnic co do receptury tego drinku, pisząc: „Mint julep wciąż żyje, ale nie jest w modzie. Nie wiadomo dlaczego za granicę przedostał się pomysł, że miętę należy kruszyć i wstrząsać razem z wodą i whisky, dodanymi w równych proporcjach. Żaden człowiek nie mógłby gustować w takiej miksturze."

Następny był pewien pułkownik z Kentucky, który doradzał rozgniatanie mięty w szklance tak długo, aż cała będzie nią namaszczona. Wtedy miętę się wyrzuca, traktując to jako „ofiarę w imię doskonałości". Według niego był to jedyny sposób przygotowywania tego „najwspanialszego alkoholowego wynalazku człowieka". Poniżej jeden ze sposobów przyrządzania tego drinka.

Mint julep

Mint julep

Przystępując do przyrządzenia mint julep, należy zawczasu przygotować syrop cukrowy: na każdą porcję mint julep należy rozpuścić dwie kostki cukru w takiej ilości wody, by powstał oleisty, gęsty płyn. W każdej szklance rozgniatamy kilka gałązek mięty, tak by wycisnąć z nich jak najwięcej esencji miętowej.

Następnie usuwamy miętę ze szklanek, napełniamy je drobno pokruszonym lodem i wlewamy odpowiednią ilość Burbona. Teraz należy poczekać aż Burbon dokładnie się schłodzi i wtedy dodać przygotowany wcześniej syrop cukrowy, po czym odstawić szklanki na kilka chwil, bez mieszania. Na koniec umieszczamy wokół krawędzi szklanki kilka gałązek świeżej mięty i od razu podajemy.

Herbata miętowa

2 szklanki cukru
½ szklanki wody
otarta skórka jednej pomarańczy
sok z 6 pomarańczy
6 szklanek bardzo mocnej herbaty
kilka listków mięty

Gotować cukier, wodę i skórkę pomarańczową mniej więcej pięć minut. Zdjąć z ognia i dodać pokruszone liście mięty. Zostawić do ostudzenia. Wlać sok pomarańczowy do herbaty. Ochłodzone szklanki do herbaty napełnić do połowy pokruszonym lodem, wlać herbatę i doprawić syropem miętowym. Do każdej szklanki wrzucić kilka listków mięty lub plasterek pomarańczy.

Poncz plantatora

(ZOBACZ ŚWIAT PRZEZ RÓŻOWE OKULARY)

Rozpuścić czubatą łyżkę cukru w dzbanku, dodać jeden kieliszek (do wina) rumu Jamaica i pół kieliszka dobrej brandy. Wcisnąć do tego sok z połowy cytryny i dodać trochę soku ananasowego. Wlać do wysokiej szklanki i dopełnić mielonym lodem, a następnie wymieszać dokładnie łyżką. Kiedy podajesz drinka, szklanka powinna być zamglona.

Syllabub z Karoliny Północnej

(NAPÓJ NA WZMOCNIENIE)

½ litra świeżej śmietany
½ szklanki świeżego mleka
½ szklanki soku jabłkowego
½ łyżeczki wanilii
½ szklanki cukru
trochę gałki muszkatołowej

Przygotować na chwilę przed podaniem. Wszystkie składniki, z wyjątkiem śmietany, wymieszać w miseczce. Śmietanę lekko ubić, zmieszać z resztą składników i całość ubić ponownie. Oprószyć po wierzchu gałką muszkatołową i serwować. Zamiast soku można użyć whisky lub brandy. W razie potrzeby można dodać łyżkę stołową sherry.

Egg nog

(DRINK NA BOŻE NARODZENIE — JEDNA PORCJA)

1 jajo
2 łyżeczki cukru
zimne mleko
szczypta wanilii
starta gałka muszkatołowa
2 łyżki śmietany
brandy lub whiskey

Rozdzielić żółtko i białko. Ubić żółtko z cukrem na puszystą masę, dodać ubite na pianę białko. Uzupełnić dwiema łyżkami śmietanki, alkoholem (brandy lub whiskey) i wanilią. Dopełnić szklankę zimnym mlekiem, po wierzchu posypać gałką muszkatołową.

Aromatyczny cydr

1 litr soku jabłkowego
¼ szklanki cukru
8 krótkich kawałków cynamonu
12 całych goździków
8 całych ziaren ziela angielskiego
szczypta soli

Wymieszać wszystkie składniki w garnku i ogrzać do wrzenia. Zostawić na kilka godzin. Podgrzać na nowo, usunąć wszystkie przyprawy i podawać na gorąco z ciastem.

Zazarac

(JEDNA PORCJA)
10 ml rumu Bacardi
10 ml whiskey kanadyjskiej
5 ml likieru anyżowego
5 ml Mesquite Bean Syrup
⅛ łyżeczki gorzkiej wódki Angostura Bitters
⅛ łyżeczki Orange Bitters

⅓ łyżeczki absyntu

Umieścić wszystkie składniki w szejkerze do koktajli, dodać lód. Dobrze wstrząsnąć, odcedzić lód, wlać do szklanki i podawać.

Tom and Jerry

12 jaj

½ kg cukru

whiskey

wrzątek

12 jaj ubić dokładnie, powoli dodając pół kilo cukru pudru. Na każdą porcję wlać do szklanki 45 ml whiskey. Wypełnić szklanki do 2/3 wrzącą wodą, umieścić kopiastą łyżkę jajecznej mieszaniny na powierzchni, oprószyć gałką muszkatołową i podawać.

Koktajl "Godzina Wytchnienia"

⅔ porcji dżinu

⅙ porcji włoskiego wermutu

⅙ porcji soku grejpfrutowego

Wymieszać wszystkie składniki dokładnie, ale nie wstrząsać.

W tym miejscu kończy się moja krótka opowieść o kuchni kreolskiej. Zawdzięczam ją paniom Lustig, Sondheim i Rensel, które w 1935 roku wydały niewielką książeczkę będącą zbiorem najbardziej znanych przepisów południowych stanów USA.

Kupiłem ją w antykwariacie i tak byłem zachwycony prostotą i pomysłowością przepisów, że zacząłem tę kuchnię poznawać osobiście. Dlatego książka, którą trzymasz w rękach, nie jest zwykłym tłumaczeniem, ale czymś w rodzaju przewodnika po kreolskich daniach, który jest modyfikowany i poprawiany przez samo życie.

Kazik Ronhard

Strona redakcyjna

AUTOR: KAZIK RONHARD

Tytuł: *Kuchnia kreolska*

Korekta: Galeria Artefaktura

Ilustracje © MiSBetley i Pixabay.com

Okładka © MiSBetley

Copyright © 2017, 2021 Monika I. Betley

Wyd. III, poprawione

ISBN 978-83-65197-04-7

Inne książki Galerii Artefaktura:

<u>Baśnie kanadyjskie</u>[1]
<u>Opowiadania Jana Nerudy</u>[2]
<u>Edith Wharton: Lato</u>[3]
<u>Mała Lunatyczka</u>[4]

---

1. https://books2read.com/u/bo8jE0

2. https://books2read.com/OpowiadaniaJanaNerudy

3. https://books2read.com/u/3JppOP

4. https://books2read.com/u/bzZddn

---

[1] – *Kucharka litewska*, aut. Wincenta Zawadzka, rok wydania 1913

About the Author

Podróżnik i mól książkowy, smakosz i domorosły filozof. Zabierze Cię w podróż po smakowitych kuchniach świata, a do tego okrasi ją opowieściami i filozoficznym sosem.

Traveler and bookworm, gourmet and home-grown philosopher. He will take you on a journey through the tasty cuisines of the world, and will sprinkle it with stories and philosophical sauce.